백점 사회 무료 스마트러닝

첫째 QR코드 스캔하여 1초 만에 바로 강의 시청

둘째 최적화된 강의 커리큘럼으로 학습 효과 UP!

❶ 교과서 핵심 개념을 짚어 주는 **개념 강의**
❷ 다양한 수행 평가에 대비할 수 있는 **수행 평가 문제 풀이 강의**

#백점 #초등사회 #무료

백점 사회

초등사회 6학년

학습 계획표

학습 계획표를 따라 차근차근 사회 공부를 시작해 보세요.
백점 사회와 함께라면 사회 공부, 어렵지 않습니다.

단원	교재 쪽수	학습한 날		
1. 우리나라의 정치 발전	5 ~ 9쪽	1일차	월	일
	10 ~ 13쪽	2일차	월	일
	14 ~ 17쪽	3일차	월	일
	18 ~ 21쪽	4일차	월	일
	22 ~ 25쪽	5일차	월	일
	26 ~ 29쪽	6일차	월	일
	30 ~ 33쪽	7일차	월	일
	34 ~ 37쪽	8일차	월	일
	38 ~ 42쪽	9일차	월	일
	43 ~ 48쪽	10일차	월	일
2. 우리나라의 경제 발전	49 ~ 52쪽	11일차	월	일
	53 ~ 57쪽	12일차	월	일
	58 ~ 61쪽	13일차	월	일
	62 ~ 65쪽	14일차	월	일
	66 ~ 69쪽	15일차	월	일
	70 ~ 73쪽	16일차	월	일
	74 ~ 77쪽	17일차	월	일
	78 ~ 81쪽	18일차	월	일
	82 ~ 85쪽	19일차	월	일
	86 ~ 90쪽	20일차	월	일
	91 ~ 96쪽	21일차	월	일

백점

BOOK 1 개념북

사회 6·1

구성과 특징

BOOK ① 개념북

검정 교과서를 통합한 개념 학습

2023년부터 초등 5~6학년 사회 교과서가 국정 교과서에서 **11종 검정 교과서**로 바뀌었습니다.

'백점 사회'는 **검정 교과서의 개념과 자료를 통합적으로 학습**할 수 있도록 구성하였습니다. 단원별 검정 교과서 학습 내용을 확인하고 **개념 학습, 문제 학습, 마무리 학습**으로 이어지는 3단계 학습을 통해 검정 교과서의 통합 개념을 익혀 보세요.

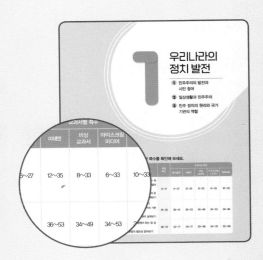

검정 교과서의 내용을 통합한 **핵심 개념**을 익힐 수 있습니다.

교과서 통합 대표 자료를 통해 다양한 자료를 학습할 수 있습니다.

QR코드를 통해 개념 이해를 돕는 **개념 강의**가 제공됩니다.

---

2 | 문제 학습

학습한 개념을 **문제**로 파악합니다.

교과서 공통 핵심 문제로 여러 출판사의 공통 개념을 익힐 수 있습니다.

교과서별 문제를 풀면서 다양한 교과서의 개념을 학습할 수 있습니다.

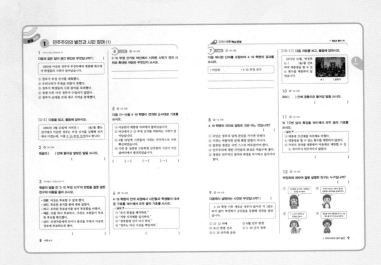

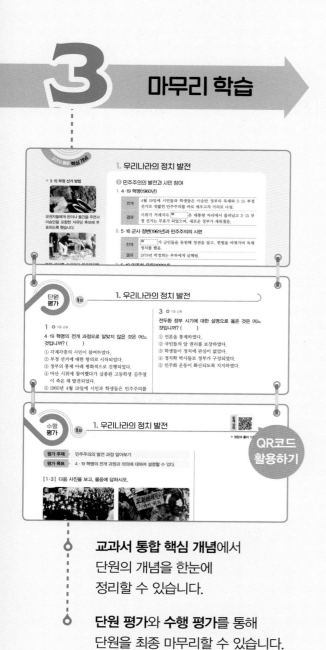

BOOK ② 평가북

학교 시험에 딱 맞춘 평가 대비

묻고 답하기 / 중단원 평가

묻고 답하기를 통해 핵심 개념을 다시 익히고, 중단원 평가를 통해 자신의 실력을 확인할 수 있습니다.

대단원 평가 / 수행 평가

대단원 평가와 수행 평가를 통해 학교 시험에 대비할 수 있습니다.

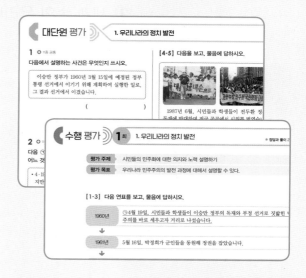

교과서 통합 핵심 개념에서
단원의 개념을 한눈에
정리할 수 있습니다.

단원 평가와 **수행 평가**를 통해
단원을 최종 마무리할 수 있습니다.

차례

우리나라의 정치 발전

1 민주주의의 발전과 시민 참여

2 일상생활과 민주주의

3 민주 정치의 원리와 국가 기관의 역할

▶ 단원별 학습 내용과 교과서별 해당 쪽수를 확인해 보세요.

1 민주주의의 발전과 시민 참여 (1)

1 4·19 혁명(1960년)의 원인

① 이승만의 독재 정치

- 8·15 광복 이후 이승만이 초대 대통령으로 선출되었고, 민주주의에 대한 국민들의 기대가 커졌습니다.
- 이승만 정부는 헌법을 바꿔 가며 독재 정치를 이어 나갔고, 부정부패가 심해지자 국민들의 생활은 어려워졌습니다.

② 3·15 부정 선거(1960년) 자료 1

이승만 정부는 정부통령 선거에서 이기려고 부정 선거를 계획함.	→ 선거를 앞두고 정부의 부정부패에 대항해 대구에서 학생들의 시위가 일어났음.	→ 이승만 정부는 부정 선거를 실행했고, 선거에서 이겼음(3·15 부정 선거).

└ 부정부패에 대항해 일어난 최초의 학생 민주 운동이었어요.

2 4·19 혁명의 과정과 결과

① 전개 과정 자료 2

└ 경찰은 구호를 외치는 학생들과 시민들을 폭력적으로 진압했어요.

시민들은 부정한 방법으로 선출된 이승만 정부의 잘못을 바로잡으려고 시위에 참여함.	→ 마산 시위에 참여했다가 실종된 고등학생 김주열이 마산 앞바다에서 죽은 채로 발견되자 시위가 더욱 확산됨.	
→ 각계각층의 시민이 참여하는 전국 시위로 확대됨.	→ 4월 19일에 시민과 학생들은 이승만 정부의 독재와 3·15 부정 선거로 짓밟힌 민주주의를 바로 세우고자 거리로 나섬(4·19 혁명, 1960년).	

② 결과 +

└ 4·19 혁명은 학생들과 시민들을 중심으로 독재 정권을 무너뜨린 최초의 민주화 운동이었어요.

- 시위가 거세지자 이승만은 대통령 자리에서 물러났고 3·15 부정 선거는 무효가 되었습니다.
- 새로운 헌법이 만들어졌고, 선거를 통해 새로운 정부가 세워졌습니다.

3 5·16 군사 정변(1961년)과 민주주의의 시련

┌ 대통령이 된 박정희는 자신이 계속 대통령을 하려고 헌법을 바꿔 대통령을 세 번까지 할 수 있도록 했어요.

1 5·16 군사 정변	4·19 혁명 이후 새로운 정부가 들어선 지 1년도 되지 않아 박정희가 군인들을 동원해 정권을 잡았음. +
2 유신 헌법과 독재 정치 +	• 유신 헌법: 1972년 10월에는 헌법을 또 바꿔 대통령을 할 수 있는 횟수를 제한하지 않았으며, 대통령 직선제를 간선제로 바꿨음. • 유신 헌법을 선포한 후 박정희 정부는 독재 정치를 더 심하게 했음.  ▲ 유신 헌법 공포식
3 박정희 정부 붕괴	1979년에 독재 정치를 반대하는 대규모 시위가 일어난 상황에서 박정희는 부하에게 살해됨.

+ 4·19 혁명의 의의

- 4·19 혁명 과정에서 많은 시민과 학생들이 희생되어 민주주의에 대한 국민들의 관심이 높아졌습니다.
- 4·19 혁명을 계기로 민주적인 절차와 과정을 무시하고 들어선 정권은 국민 스스로 바로잡아야 한다는 교훈을 얻게 되었습니다.

+ 군사 정변을 일으킨 군인들

군인들이 5·16 군사 정변을 일으키고 서울 시내를 지나가는 모습입니다.

+ 유신 헌법

'유신'이라는 말에는 낡은 제도를 새롭게 고친다는 뜻이 있지만, 유신 헌법의 내용은 국민의 권리를 대통령이 마음대로 제한할 수 있는 것이어서 민주적이지 않았습니다.

용어 사전

- **혁명** 국가의 기초나 제도 등이 완전히 새롭게 바뀌는 것.
- **독재** 한 사람이나 무리가 권력을 잡고 나랏일을 마음대로 해나가는 것.
- **초대** 지위를 이어 나가는 차례에서 첫 번째의 차례.
- **부정부패** 바르지 못하고 타락함.
- **정변** 반란·혁명·쿠데타처럼 정치 권력 관계가 갑자기 바뀌는 것.

자료 1 3·15 부정 선거 방법

유권자들에게 돈이나 물건을 주면서 이승만을 포함한 자유당 후보에 투표하도록 했음.
└ 조를 짜서 투표하고, 조장은 조원들이 투표한 후보를 확인했어요.

부정 선거를 숨기려고 투표용지를 불태워 폐기했음.
└ 조작된 투표용지를 넣어 투표함을 바꾸기도 했어요.

자료 2 4·19 혁명의 과정과 모습

3·15 부정 선거를 앞두고 대구에서 학생들의 시위가 일어남.

마산에서 3·15 부정 선거를 비판하는 시위가 일어남.

4월 19일에 시민들의 시위는 전국적으로 더욱 확산되었음.

대학 교수들은 정부에 항의하며 시위에 동참했음.

시위가 더욱 거세지자 이승만은 대통령 자리에서 물러났고, 3·15 부정 선거는 무효가 되었음.

재선거가 실시되었고 새로운 정부가 세워졌음.

▶ 4·19 혁명의 전개 과정에서 시민들과 학생들은 "정부통령 선거 다시 하라.", "정부는 마산 사건을 책임져라." 등의 구호를 내세웠습니다.

1

8·15 광복 이후 (   )이/가 초대 대통령으로 선출되었고, 민주주의에 대한 국민들의 기대가 커졌습니다.

2

이승만 정부는 정부통령 선거에서 이기려고 (   ) 선거를 실행했고, 선거에서 이겼습니다.

3

4·19 혁명은 학생들과 시민들을 중심으로 독재 정권을 무너뜨린 최초의 민주화 운동이었습니다.

(○ , ×)

4

4·19 혁명 이후 새로운 정부가 들어선 지 1년도 되지 않아 (박정희 , 전두환)이/가 군인들을 동원해 정권을 잡았습니다.

5

박정희는 (   )을/를 또 바꿔 대통령을 할 수 있는 횟수를 제한하지 않았습니다.

1 민주주의의 발전과 시민 참여 (1)

1 아이스크림, 천재교육 외

다음과 같은 일이 생긴 원인은 무엇입니까? (   )

> 1960년 이승만 정부의 부정부패에 대항해 대구에서 학생들의 시위가 일어났습니다.

① 정부가 부정 선거를 계획했다.
② 우리나라가 주권을 되찾지 못했다.
③ 정부가 학생들의 시위 참여를 독려했다.
④ 전쟁 이후 아직 정부가 수립되지 않았다.
⑤ 정부가 군대를 보내 대구 지역을 통제했다.

[2-3] 다음을 읽고, 물음에 답하시오.

> 1960년 3월 15일에 치러진 (   )을/를 뽑는 선거에서 이승만 정부는 부정 선거를 실행해 선거에서 이겼는데, 이를 <u>3·15 부정 선거</u>라고 합니다.

2 ⊕ 11종 공통

윗글의 (   ) 안에 들어갈 알맞은 말을 쓰시오.

(   )

3 동아출판, 천재교과서 외

윗글의 밑줄 친 '3·15 부정 선거'의 방법을 <u>잘못</u> 말한 친구의 이름을 골라 쓰시오.

> • 정륜: 여성은 투표할 수 없게 했어.
> • 성민: 투표한 용지를 불에 태워 없앴어.
> • 하니: 조작된 투표용지를 넣어 투표함을 바꿨어.
> • 재윤: 조를 짜서 투표하고, 조장은 조원들이 투표한 후보를 확인했어.
> • 상아: 유권자들에게 돈이나 물건을 주면서 이승만 정부에 투표하도록 했어.

(   )

4 서술형 ⊕ 11종 공통

3·15 부정 선거로 마산에서 시작된 시위가 전국 시위로 확대된 까닭은 무엇인지 쓰시오.

_____

_____

5 ⊕ 11종 공통

다음 ㉠~㉢을 4·19 혁명이 전개된 순서대로 기호를 쓰시오.

> ㉠ 이승만이 대통령 자리에서 물러났습니다.
> ㉡ 마산에서 3·15 부정 선거를 비판하는 시위가 일어났습니다.
> ㉢ 4월 19일에 시민들의 시위는 전국적으로 더욱 확산되었습니다.
> ㉣ 시위 중 실종된 고등학생 김주열의 시신이 마산 앞바다에서 발견되었습니다.

(   ) → (   ) → (   ) → (   )

6 ⊕ 11종 공통

4·19 혁명의 전개 과정에서 시민들과 학생들이 내세운 구호를 보기 에서 모두 골라 기호를 쓰시오.

> **보기**
> ㉠ "유신 헌법을 폐지하라."
> ㉡ "지방 자치제를 실시하라."
> ㉢ "정부통령 선거 다시 하라."
> ㉣ "정부는 마산 사건을 책임져라."

(   )

7 서술형 ➕ 11종 공통

다음 제시된 단어를 포함하여 4·19 혁명의 결과를 쓰시오.

| • 이승만 | • 3·15 부정 선거 |

_____

_____

8 ➕ 11종 공통

4·19 혁명의 의의로 알맞은 것은 어느 것입니까?
(   )

① 국민은 정부의 일에 관심을 가지면 안된다.
② 시위는 바람직한 문제 해결 방법이 아니다.
③ 잘못된 정권은 국민 스스로 바로잡아야 한다.
④ 민주주의에 대한 국민들의 관심은 적을수록 좋다.
⑤ 정권은 민주적인 절차와 과정을 무시하고 들어서야 한다.

9 ➕ 11종 공통

다음에서 설명하는 사건은 무엇입니까? (   )

4·19 혁명 이후 새로운 정부가 들어선 지 1년도 되지 않아 박정희가 군인들을 동원해 정권을 잡았습니다.

① 12·12 사태   ② 6월 민주 항쟁
③ 유신 헌법 선포   ④ 5·16 군사 정변
⑤ 5·18 민주화 운동

[10-11] 다음 자료를 보고, 물음에 답하시오.

1972년 10월, 박정희는 (   )을/를 선포하며 대통령을 할 수 있는 횟수를 제한하지 않았습니다.

▲ (   ) 공포식

10 ➕ 11종 공통

위의 (   ) 안에 공통으로 들어갈 말을 쓰시오.

(   )

11 ➕ 11종 공통

위 **10**번 답의 특징을 보기 에서 모두 골라 기호를 쓰시오.

보기
㉠ 대통령 간선제를 직선제로 바꿨다.
㉡ 대통령을 할 수 있는 횟수를 제한하지 않았다.
㉢ 국민의 권리를 대통령이 마음대로 제한할 수 있는 것이어서 민주적이지 않았다.

(   )

12 ➕ 11종 공통

박정희에 대하여 잘못 설명한 친구는 누구입니까?
(   )

① 민주화를 요구하는 사람들의 의견을 무시했어.

② 1979년 대규모 시위가 일어난 상황에서 부하에게 살해되었어.

③ 5·16 군사 정변으로 정권을 잡았어.

④ 헌법을 바꿔 대통령을 할 수 있는 횟수를 다섯 번으로 늘렸어.

1 민주주의의 발전과 시민 참여 (2)

개념강의

1 5·18 민주화 운동(1980년)

① 배경
• 박정희가 피살되면서 박정희 정부가 막을 내렸고, 시민들은 민주주의가 실현될 것이라고 기대했습니다.
• 전두환을 중심으로 한 새로운 군부 세력이 권력을 장악하며 민주화는 다시 좌절되었습니다(12·12 사태, 1979년).

② 전개 과정 ➕ 자료1 → 전두환은 광주에서 일어난 일이 신문이나 방송으로 알려지는 것을 막았어요.

전라남도 광주에서 민주화 시위가 일어나자 전두환은 시위를 진압할 계엄군을 보냈음. →	계엄군은 폭력적으로 시위를 진압했고, 이 과정에서 많은 사람이 죽거나 다쳤음.
→ 분노한 시민들이 시민군을 만들어 군인들에게 대항했음(5·18 민주화 운동, 1980). →	계엄군은 시위를 이끌던 사람들이 모여있던 전라남도청을 공격했고, 수많은 사람이 희생됨.

③ 의의: 5·18 민주화 운동은 부당한 정권에 맞서 민주주의를 지키려는 시민들과 학생들의 의지를 보여 주었습니다.

2 6월 민주 항쟁(1987년)

① 배경
• 전두환 정부는 신문과 방송을 통제해 정부를 비판하는 내용을 내보내지 않고 유리한 내용만 전하도록 했습니다.
• 국민들의 알 권리를 막았으며, 민주주의를 요구하는 사람들을 탄압했습니다.

② 전개 과정

1 박종철 사망 사건	1987년에 민주화 운동에 참여했던 대학생 박종철이 강제로 경찰에 끌려가 고문을 받다가 사망하는 사건이 발생함.
2 시민들의 민주화 요구	시민들과 학생들은 이 사실을 숨기던 정부에 고문을 금지할 것과 책임자를 처벌할 것을 요구함.
3 정부의 민주화 거부	전두환 정부는 직선제 내용이 포함되도록 헌법을 바꿔야 한다는 국민의 요구를 받아들이지 않겠다고 발표함.
4 이한열 사망 사건	시위가 이어졌고 이 과정에서 경찰이 쏜 최루탄을 맞아 대학생 이한열이 사망함. ➕
5 6월 민주 항쟁 자료2	시민들과 학생들은 전두환 정부의 독재에 반대하고 대통령 직선제를 요구하며 전국 곳곳에서 시위를 벌였음.
6 6·29 민주화 선언 (1987년) 자료3	당시 여당 대표였던 노태우가 직선제를 포함한 민주화 요구를 받아들이겠다고 발표함.

③ 의의 → 우리 사회 여러 분야에서 민주적인 제도를 만들고 그것을 실천해 나갈 수 있게 한 중요한 사건이었어요.
• 시민들의 민주화에 대한 의지를 보여 주었습니다.
• 6·29 민주화 선언을 이끌어 내 대통령 직선제를 이루었습니다.

➕ 5·18 민주화 기록물

▲ 여고생의 일기와 기자의 취재 수첩

• 5·18 민주화 운동 기록물은 시민들의 선언문, 증언, 일기, 기자들의 취재 수첩, 피해자 보상 자료 등으로 구성되었습니다.
• 5·18 민주화 운동 과정을 생생하게 알려 준다는 점, 세계 여러 나라의 민주화 운동에 영향을 끼친 점 등을 인정받아 유네스코 세계 기록 유산으로 등재되었습니다.

➕ 이한열을 추모하려고 모인 사람들

6월 민주 항쟁의 전개 과정에서 경찰이 쏜 최루탄에 맞아 사망한 이한열을 추모하려고 사람들이 모였습니다.

용어 사전

• **피살** (뜻하지 않게) 죽임을 당하는 것.
• **계엄** 나라에 내란이나 전쟁이 일어났을 때, 전국 또는 일부 지역에서 군대가 임시로 정부의 권한을 대신 행하는 것.
• **여당** 정당 정치에서 현재 정권을 잡고 있는 정당.

자료 1 5·18 민주화 운동의 모습

시민들과 학생들은 거리로 나와 "독재 없는 민주주의"라는 구호를 외치며 시위를 벌였습니다.

군인들은 광주 사람들이 다른 지역으로 나가거나 다른 지역의 사람들이 광주에 들어갈 수 없게 했습니다.

시민들은 시위에 참여한 사람들에게 부족한 식량을 나눠 주었습니다.

시위가 계속되면서 다치거나 죽는 사람이 늘어났고 이들의 가족들은 큰 슬픔에 빠졌습니다.

자료 2 6월 민주 항쟁의 모습

6월 민주 항쟁 당시 제주 서귀포에서 민주화를 요구하며 시민들이 시위를 벌이고 있습니다.

고문을 없앨 것을 주장하며 시민들이 행진하고 있습니다.

자료 3 6·29 민주화 선언의 내용 → 이 밖에도 지역감정 없애기, 인간의 존엄성 보장 등의 내용을 담고있어요.

▲ 대통령 직선제 실시

▲ 언론의 자유 보장

▲ 지방 자치제 시행

● 정답과 풀이 2쪽

1

전라남도 (광주 , 대구)에서 대규모 민주화 시위가 일어나자 전두환은 시위를 진압할 계엄군을 보냈습니다.

2

(5·16 , 5·18) 민주화 운동은 부당한 정권에 맞서 민주주의를 지키려는 시민들과 학생들의 의지를 보여 주었습니다.

3

전두환 정부는 신문과 방송을 통제해 국민들의 알 권리를 막았습니다.

(○ , ×)

4

1987년에 민주화 운동에 참여했던 대학생 (   )이/가 강제로 경찰에 끌려가 고문을 받다가 사망하는 사건이 발생했습니다.

5

6월 민주 항쟁의 결과 당시 여당 대표였던 노태우가 대통령 간선제를 포함한 민주화 요구를 받아들이겠다고 발표했습니다.

(○ , ×)

1 ➕11종 공통

전두환 정부 시기의 사회 모습으로 알맞지 <u>않은</u> 것은 어느 것입니까? (　　　)

① 국민들의 알 권리를 막았다.
② 시민들의 시위를 적극 지지했다.
③ 민주주의를 요구하는 사람들을 탄압했다.
④ 신문과 방송을 통제해 정부를 비판하지 못하게 했다.
⑤ 정부에 반대하는 사람들을 잡아가거나 죽음에 이르게 했다.

2 ➕11종 공통

다음 ㉠, ㉡에 들어갈 알맞은 말을 각각 쓰시오.

> 전라남도 광주에서 대규모 민주화 시위가 일어나자 전두환은 시위를 진압할 (　㉠　)을/를 보냈습니다. 이들은 폭력적으로 시위를 진압했고 이 과정에서 많은 사람이 죽거나 다쳤습니다. 분노한 시민들은 (　㉡　)을/를 만들어 대항했습니다.

㉠ (　　　　　　　　), ㉡ (　　　　　　　　)

3 ➕11종 공통

5·18 민주화 운동을 주제로 연극을 할 때, 볼 수 <u>없는</u> 장면은 어느 것입니까? (　　　)

① 전라남도청을 공격하는 계엄군
② 시위에서 가족이 죽어 큰 슬픔에 빠진 시민들
③ 다른 지역의 사람들이 광주에 들어갈 수 없게 막는 군인들
④ 시위에 참여한 사람들에게 식량을 나누어주는 광주 시민들
⑤ 시위 초기에 계엄군의 폭력적인 시위 진압을 비판하는 내용이 담긴 신문 기사를 읽는 서울 시민들

4 서술형 ➕11종 공통

5·18 민주화 운동에서 광주 시민들이 한 노력을 한 가지만 쓰시오.

_____

_____

5 동아출판, 천재교육 외

다음과 같은 5·18 민주화 기록물에 대한 설명으로 알맞은 것을 보기 에서 모두 골라 기호를 쓰시오.

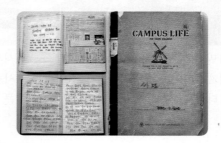

> **보기**
> ㉠ 유네스코 세계 기록 유산으로 등재되었다.
> ㉡ 5·18 민주화 운동 과정을 생생하게 알려준다.
> ㉢ 대통령이 사건을 직접 기록하여 남긴 기록물이다.
> ㉣ 시민들의 선언문, 증언, 일기, 기자들의 취재 수첩 등으로 구성되었다.

(　　　　　　　　)

6 ➕11종 공통

5·18 민주화 운동의 의의로 알맞은 것에 ○표 하시오.

(1) 경제 발전의 중요성을 알려 주었습니다.
(　　　)

(2) 민주주의를 지키려는 시민들의 의지를 보여 주었습니다.
(　　　)

(3) 시민들의 시위가 민주화를 늦어지게 한다는 것을 보여 주었습니다.
(　　　)

7 ➕ 11종 공통

다음 ㉠~㉣을 사건의 전개 과정에 맞게 순서대로 기호를 쓰시오.

> ㉠ 대학생 박종철이 고문을 받다가 사망하는 사건이 발생하였다.
> ㉡ 시위가 이어졌고 이 과정에서 경찰이 쏜 최루탄을 맞아 대학생 이한열이 사망하였다.
> ㉢ 전두환 정부는 헌법을 바꿔야 한다는 국민의 요구를 받아들이지 않겠다고 발표했다.
> ㉣ 시민들과 학생들은 전두환 정부의 독재에 반대하고 대통령 직선제를 요구하며 전국 곳곳에서 시위를 벌였다.

( ) → ( ) → ( ) → ( )

8 서술형 ➕ 11종 공통

다음 밑줄 친 부분에 들어갈 알맞은 내용을 쓰시오.

> 1987년에 민주화 운동에 참여했던 대학생 박종철이 강제로 경찰에 끌려가 고문을 받다가 사망했습니다. 이에 시민들과 학생들은 _____ _____을/를 요구했습니다.

_____

_____

9 ➕ 11종 공통

다음과 같은 주장을 하며 전개된 사건은 무엇인지 쓰시오.

> • "대통령 직선제를 실시하라!"
> • "전두환 정부의 독재에 반대한다!"

( )

[10-11] 다음 글을 읽고, 물음에 답하시오.

> 6월 민주 항쟁이 일어나자 당시 여당 대표는 직선제 등의 내용을 담은 ( )을/를 발표했습니다.

10 ➕ 11종 공통

위의 ( ) 안에 들어갈 알맞은 말을 쓰시오.

( )

11 ➕ 11종 공통

위 **10**번 답에 담긴 내용으로 알맞지 <u>않은</u> 것은 어느 것입니까? ( )

① 언론의 자유를 보장한다.
② 지방 자치제를 실시한다.
③ 대통령 직선제를 실시한다.
④ 경제 발전 5개년 계획을 실시한다.
⑤ 지역감정을 없애기 위해 노력한다.

12 ➕ 11종 공통

1987년 6월 이후 우리 사회 모습을 <u>잘못</u> 설명한 친구를 골라 이름을 쓰시오.

국회에서 대통령을 뽑았어.
▲ 민우

지역의 대표들이 주민의 의견을 수렴했어.
▲ 영우

( )

1 6월 민주 항쟁 이후 민주화 과정

① 대통령 직선제 시행 자료1

- 6월 민주 항쟁의 결과 6·29 민주화 선언이 발표되었고, 그에 따라 1987년 제 13대 대통령 선거가 직선제로 시행되었습니다.
- 대통령 직선제는 오늘날까지 계속 시행되고 있습니다.

② 지방 자치제 시행 자료2 → 5·16 군사 정변으로 폐지됐다가, 6월 민주 항쟁 이후 다시 시행되었어요.

- 지방 자치제는 일정한 지역의 주민과 이들로부터 선출된 지방 의회 의원과 지방 자치 단체장이 해당 지역의 일을 스스로 처리하는 제도입니다.
- 1990년대에 지방 의회 의원 선거와 함께 지방 자치 단체장 선거가 치러지면서 지방 자치제가 완전하게 자리 잡게 되었습니다.

③ 주민 소환제 자료3 → 지역의 대표자들이 책임감을 가지고 열심히 일하도록 만드는 역할을 해요.

의미	주민이 직접 선출한 의원이나 단체장이 직무를 잘 수행하지 못했을 때 주민들이 투표로 그들을 자리에서 물러나게 하는 제도 ➕
시행	우리나라는 2007년 5월부터 지방 의회 의원과 지방 자치 단체장을 대상으로 시행하고 있음.

2 오늘날 시민들이 사회 공동의 문제 해결에 참여하는 모습

① 6월 민주 항쟁까지: 시민들은 주로 대규모 집회에 참여하는 방식으로 사회 공동의 문제를 해결했습니다. → 이 과정에서 많은 사람들이 다치거나 희생되기도 했어요.

② 6월 민주 항쟁 이후 ➕

투표

촛불 시위

1인 시위

캠페인

누리집을 통한 의견 제시

- 오늘날 시민들은 사회 공동의 문제를 평화적이고 민주적인 방법으로 해결하고 있습니다.
- 오늘날 시민 참여는 대규모 집회뿐만 아니라 다양한 방법으로 이루어지고 있습니다.

➕ **주민 소환 투표**

투표권자 3분의 1 이상이 투표에 참여해야 개표가 진행되고, 개표 결과 유효 투표 중 과반수가 찬성하면 소환이 확정됩니다.

➕ **다양한 시민 참여 방법**

▲ 시민 단체 활동

▲ 정당 활동

▲ 공청회 참석

오늘날 시민 참여 방법에는 이 밖에도 서명 운동, 누리 소통망 서비스(SNS)를 통한 의견 제시 등이 있습니다.

용어 사전

● **자치제** 공공 단체나 집단이 자기 스스로 자기 일을 결정하여 행정을 펴는 제도.
● **직무** 공적인 조직이나 기관에서 일정하게 맡아서 하는 일.

✦ 교과서 통합 대표 자료

● 정답과 풀이 3쪽

기본 개념 문제

자료 1 대통령 직선제로 선출된 역대 대통령

13대 노태우 1988년 / 14대 김영삼 1993년 / 15대 김대중 1998년 / 16대 노무현 2003년 / 17대 이명박 2008년 / 18대 박근혜 2013년 / 19대 문재인 2017년 / 20대 윤석열 2022년

▲ 6월 민주 항쟁 이후 직선제로 수립된 정부

▶ 1987년 제13대 대통령 선거는 국민들이 선거로 대통령을 뽑았던 1971년 제7대 대통령 선거 이후 16년 만의 일이었습니다.

자료 2 지방 자치제

▲ 지방 의회 의원 입후보 안내에 대한 설명을 듣는 사람들

▲ 지방 자치제가 다시 시행되면서 열린 서울특별시 의회

주민들은 지역의 문제를 스스로 해결하려고 의견을 제시하고, 지역의 대표들은 주민들의 의견을 수렴해 여러 가지 문제를 민주적으로 해결하고 있습니다.

자료 3 주민 소환제

○○신문   20△△년 △△월 △△일

○○시, 주민 소환 투표 실시하다.

20△△년 △△월 △△일, 주민 소환 투표가 전국에서 처음 ○○시에서 시행되었다. ○○시가 지역 주민들이 반대하던 광역 화장장을 설치하려 하자 이에 반발한 주민들이 ○○시장과 시 의원 네 명을 대상으로 주민 소환 운동을 벌였고, 이날 이들의 소환에 찬반을 묻는 투표가 실시되었다.

주민 소환 투표는 투표권자 3분의 1이상이 투표에 참여해야 개표가 진행되고, 개표 결과 유효 투표 중 과반수가 찬성하면 소환이 확정된다. 이번 ○○시 주민 소환 투표에서 시장과 시 의회 의장은 투표율 미달로 소환이 부결되었고, 시 의원 두 명은 소환이 확정되었다.

▲ ○○시 주민 소환 추진 위원회

▲ ○○시 주민 소환 투표 개표소

▶ 주민 소환제의 시행으로 지역의 대표가 문제 해결에 주민의 뜻을 잘 반영할 수 있습니다.

1

6·29 민주화 선언이 발표되었고, 그에 따라 1987년 제13대 대통령 선거는 (간선제 , 직선제)로 시행되었습니다.

2

(   )은/는 지역의 주민이 직접 선출한 지방 의회 의원과 지방 자치 단체장이 그 지역의 일을 처리하는 제도입니다.

3

주민 소환제의 시행으로 지역의 대표가 문제 해결에 주민의 뜻을 잘 반영할 수 있습니다.

(○ , ×)

4

6월 민주 항쟁 이전까지 시민들은 주로 (1인 시위 , 대규모 집회)에 참여하는 방식으로 사회 공동의 문제를 해결했습니다.

5

오늘날 시민들은 사회 공동의 문제를 평화적이고 민주적인 방법으로 해결하고 있습니다.

(○ , ×)

1 민주주의의 발전과 시민 참여 (3)

1 ⊕ 11종 공통

다음 ( ) 안에 들어갈 알맞은 말을 쓰시오.

우리나라 대통령은 어떻게 뽑았을까?	
1948년	제헌 국회 의원들이 간접 선거를 통해 대통령을 뽑았음.
1952년	국민이 직접 선거를 통해 대통령을 뽑았음.
1972년	통일 주체 국민 회의에서 대통령을 간접 선거로 뽑았음.
1987년	국민이 직접 대통령을 뽑는 대통령 ( )이/가 다시 실시되었음.

( )

2 미래엔, 비상교과서 외

다음 중 국민들이 직접 뽑은 우리나라의 대통령이 <u>아닌</u> 사람은 누구입니까? ( )

① 김대중　　② 노태우　　③ 박근혜
④ 이명박　　⑤ 전두환

3 ⊕ 11종 공통

다음 ( ) 안에 공통으로 들어갈 말을 쓰시오.

- ( )은/는 지역의 주민이 직접 선출한 지방 의회 의원과 지방 자치 단체장이 그 지역의 일을 처리하는 제도입니다.
- ( )이/가 실시됨에 따라 주민들은 지역의 문제를 스스로 해결하려고 의견을 제시하고, 지역의 대표들은 주민들의 의견을 수렴해 여러 가지 문제를 민주적으로 해결하고 있습니다.

( )

4 ⊕ 11종 공통

지방 자치제에 대하여 <u>잘못</u> 설명한 친구를 골라 ○표 하시오.

(1) 1990년대에 지방 자치제가 완전하게 자리잡았어.

( )

(2) 주민들이 지역 문제 해결에 관심을 가지지 않는 계기가 되었어.

( )

5 비상교육 외

다음에서 설명하는 제도의 이름을 쓰시오.

주민이 직접 선출한 의원이나 단체장이 직무를 잘 수행하지 못했을 때 주민들이 투표를 하여 그들을 자리에서 물러나게 하는 제도입니다.

( )

6 ⊕ 11종 공통

위 **5**번 답이 지방 자치제의 시행에 미치는 영향으로 알맞은 것은 어느 것입니까? ( )

① 지역 대표자의 수를 조절한다.
② 지역 대표자들끼리 경쟁하도록 한다.
③ 지역 대표자들이 책임감을 가지도록 한다.
④ 주민과 지역 대표자가 서로 견제하도록 한다.
⑤ 지역 주민이 지역 단체장의 일을 대신 하도록 한다.

7 서술형 ➕ 11종 공통

다음 자료를 보고, 6월 민주 항쟁까지 시민들은 주로 어떤 방식으로 사회 공동의 문제 해결에 참여했는지 쓰시오.

▲ 5·18 민주화 운동

▲ 6월 민주 항쟁

8 ➕ 11종 공통

오른쪽 사진과 같은 사회 공동의 문제를 해결하는 방법은 무엇인지 쓰시오.

(   )

9 ➕ 11종 공통

촛불 시위에 대한 옳은 설명을 보기 에서 골라 기호를 쓰시오.

┌─ 보기 ──────────────────────
│ ㉠ 아무나 참여할 수 없다.
│ ㉡ 민주주의가 후퇴한 사회의 모습이다.
│ ㉢ 인터넷으로 의사를 표현하는 방법이다.
│ ㉣ 평화적으로 사회 공동의 문제를 해결하는 방법
│   이다.
└──────────────────────────────

(   )

10 ➕ 11종 공통

오늘날 시민들이 사회 공동의 문제 해결에 참여하는 방법으로 알맞지 <u>않은</u> 것은 어느 것입니까? (   )

① 투표에 참여한다.
② 공청회에 참석한다.
③ 폭력 시위로 의견을 강요한다.
④ 시민 단체에 가입하여 활동한다.
⑤ 누리 소통망 서비스(SNS)에 의견을 올린다.

11 ➕ 11종 공통

다음 사진과 같은 오늘날 시민들이 사회 공동의 문제 해결에 참여하는 방법은 무엇입니까? (   )

① 캠페인   ② 1인 시위   ③ 서명 운동
④ 공청회 참석   ⑤ 누리집을 통한 의견 제시

12 서술형 ➕ 11종 공통

시민들이 다음과 같이 다양한 방식으로 사회 공동의 문제 해결에 참여한 결과는 무엇인지 쓰시오.

▲ 캠페인

▲ 정당 활동

2 일상생활과 민주주의 (1)

1 정치

① **정치의 의미**: 사회생활을 하면서 사람들 사이의 의견 차이나 갈등을 해결하는 활동을 말합니다. ➕

② **생활 속 정치의 예시**

2 민주주의

① **민주주의의 의미** [자료 1]

- 모든 국민이 나라의 주인으로서 ●권리를 갖고, 그 권리를 자유롭고 평등하게 행사하는 정치 제도를 말합니다.
- 자유롭고 평등한 입장에서 일상생활의 문제를 민주적으로 해결하는 생활 방식을 뜻하기도 합니다.

② **민주주의의 기본 정신**

인간의 존엄성	모든 사람이 태어나는 순간부터 인간으로서 존엄과 가치를 존중받아야 함.
자유	국가나 다른 사람들에게 ●구속받지 않고 자신의 의사를 스스로 결정할 수 있는 자유를 인정받아야 함.
평등	신분, 재산, 성별, 인종 등에 따라 ●부당하게 차별받지 않고 모든 인간이 평등하게 ●대우받아야 함.

3 선거

① **선거의 의미**: 국민이 자신들을 대표할 사람을 직접 뽑는 것입니다. ➕

② **선거를 하는 이유**: 오늘날에는 모든 사람이 한자리에 모여 지역의 중요한 일을 결정하기가 어렵기 때문입니다.

③ **민주 선거의 기본 ●원칙** [자료 2] → 오늘날에는 자신의 뜻을 전달할 대표자를 뽑아 그 사람들에게 자신의 생각을 전달하게 해요.

보통 선거	선거일을 기준으로 만 18세 이상이면 원칙적으로 누구에게나 투표권을 줌.
평등 선거	재산, 성별, 교육 수준 등에 관계없이 누구나 한 표씩만 행사할 수 있음.
직접 선거	투표는 자신이 직접 해야 함.
비밀 선거	자신이 어떤 후보를 선택했는지 다른 사람에게 비밀로 함.

➕ **옛날과 오늘날의 정치 참여**

옛날	왕이나 신분이 높은 사람들만 국가의 일을 의논하고 결정할 수 있었음.
오늘날	모든 사람이 신분이나 재산, 성별 등과 관계없이 누구나 정치에 참여할 수 있음.

➕ **선거 관리 위원회**

- 선거 관리 위원회는 선거와 국민 투표가 공정하게 이루어지도록 관리하는 독립된 기관입니다.
- 부정 선거가 일어나는지 감시하고 국민에게 선거에 관한 올바른 의식을 갖게 하는 교육을 합니다.

용어 사전

- ● **권리** 어떤 일을 자기 마음대로 할 수 있는 올바른 자격.
- ● **구속** 강제로 자유로운 행동이나 생각을 못 하게 하는 것.
- ● **부당하다** 도리에 어긋나서 옳지 않다.
- ● **대우** 사람을 대하든가 다루는 일정한 태도나 방식.
- ● **원칙** 여러 가지 경우에 적용되는 기본적인 규칙이나 법칙.

자료 1 민주주의를 실천하는 모습

가족회의

가족 구성원 모두가 가족의 중요한 일을 논의합니다.

주민 자치회

주민들이 모여 자신이 사는 지역과 관련된 일을 직접 결정합니다.

학급 회의

학급의 문제를 해결하기 위해 반 친구들이 함께 의견을 나눕니다.

공청회

국가의 중요한 정책을 결정하기 전에 국민과 전문가의 의견을 들어봅니다.

자료 2 민주 선거의 기본 원칙

보통 선거

선거일을 기준으로 만 18세 이상의 국민이면 누구나 투표할 수 있어요.

평등 선거

한 사람이 한 표씩만 행사할 수 있어요.

직접 선거

투표는 내가 직접 해야 해요.

비밀 선거

누구를 선택했는지 다른 사람이 알 수 없어요.

▶ 국민이 자신들을 대표할 사람을 직접 뽑는 선거는 민주주의의 기본입니다.

● 정답과 풀이 4쪽

1

(정치 , 민주주의)란 사회생활을 하면서 사람들 사이의 의견 차이나 갈등을 해결하는 활동을 말합니다.

2

모든 국민이 나라의 주인으로서 권리를 갖고, 그 권리를 자유롭고 평등하게 행사하는 정치 제도를 (　　　　　)(이)라고 합니다.

3

국가나 다른 사람들에게 구속받지 않고 자신의 의사를 스스로 결정할 수 있는 (자유 , 평등)은/는 민주주의의 기본 정신입니다.

4

국민이 자신들을 대표할 사람을 직접 뽑는 (　　　　　)은/는 민주주의의 기본입니다.

5

누구나 한 사람이 한 표씩만 행사할 수 있는 원칙은 보통 선거의 원칙입니다.

(○ , ×)

2 일상생활과 민주주의 (1)

[1-2] 다음을 읽고, 물음에 답하시오.

> 사람들이 함께 살아가다 보면 여러 가지 문제가 생길 수 있는데, 사회생활을 하면서 <u>사람들 사이의 의견 차이나 갈등을 해결하는 활동</u>을 말합니다.

1 ➕ 11종 공통

위에서 설명하는 것은 무엇인지 쓰시오.

(   )

2 ➕ 11종 공통

위의 밑줄 친 부분의 예시로 알맞지 <u>않은</u> 것은 어느 것입니까? (   )

① 집안일을 어떻게 나누면 좋을까?
② 시험 공부 계획을 어떻게 세울까?
③ 학급의 청소 당번을 어떻게 정할까?
④ 우리가 함께 지켜야 할 학교 규칙은 무엇인가?
⑤ 우리 지역의 주차 문제를 어떻게 해결하면 좋을까?

3 서술형   아이스크림. 천재교육 외

다음 밑줄 친 부분에 들어갈 오늘날 정치 참여의 특징은 무엇인지 쓰시오.

> 옛날에는 왕이나 신분이 높은 사람들만 국가의 일을 의논하고 결정할 수 있었으나, 오늘날에는 ___
> _____

_____

4 ➕ 11종 공통

다음에서 설명하는 것은 무엇인지 쓰시오.

> • 모든 국민이 나라의 주인으로서 권리를 갖고, 그 권리를 자유롭고 평등하게 행사하는 정치 제도입니다.
> • 가족회의, 주민 자치회, 학급 회의 등이 대표적인 사례입니다.

(   )

5 ➕ 11종 공통

민주주의에 대한 설명으로 옳으면 ○표, 옳지 <u>않으면</u> ×표 하시오.

(1) 국민이 나라의 주인으로서 권리를 갖습니다.

(   )

(2) 재산, 성별 등과 관계없이 모두가 평등합니다.

(   )

(3) 신분이 높은 사람들만 국가의 일을 의논합니다.

(   )

6 ➕ 11종 공통

민주주의의 기본 정신을 <u>잘못</u> 말한 친구는 누구입니까? (   )

① 정우: 모든 사람은 평등하게 대우받아야 해.
② 정환: 다른 사람의 자유를 침해해서는 안 돼.
③ 소희: 신분이 낮은 사람의 자유와 권리는 제한해야 해.
④ 주연: 모든 사람은 태어나는 순간부터 인간으로서 존엄과 가치를 존중받아야 해.
⑤ 지민: 자신의 의사를 스스로 결정할 수 있는 자유를 인정받아야 해.

7 서술형 ➕ 11종 공통

민주주의의 기본 정신 중 '인간의 존엄성'이란 무엇 인지 쓰시오.

_____

_____

10 비상교육, 천재교과서 외

다음에서 설명하는 기관은 무엇인지 쓰시오.

> • 선거와 국민 투표가 공정하게 이루어지도록 관리 하는 독립된 기관입니다.
> • 부정 선거가 일어나는지 감시하고 국민에게 선거 에 관한 올바른 의식을 갖게하는 교육을 합니다.

(   )

8 ➕ 11종 공통

다음 중 민주주의를 실천하는 모습으로 알맞지 <u>않은</u> 것은 어느 것입니까? (   )

① ▲ 체험 학습

② ▲ 학급 회의

③ ▲ 주민 자치회

④ ▲ 공청회

[11-12] 다음 보기 를 보고, 물음에 답하시오.

보기
ㄱ 한 사람이 한 표씩만 행사할 수 있어요.
ㄴ 투표는 내가 직접 해야 해요.
ㄷ 누구를 선택했는지 다른 사람이 알 수 없어요.
ㄹ 선거일을 기준으로 만 18세 이상의 국민이면 누구나 투표할 수 있어요.

11 ➕ 11종 공통

위의 ㉣에 나타난 민주 선거의 기본 원칙은 무엇입니 까? (   )

① 간접 선거   ② 보통 선거
③ 비밀 선거   ④ 직접 선거
⑤ 평등 선거

9 ➕ 11종 공통

다음 중 오늘날 선거를 하는 이유를 알맞게 설명한 친구를 골라 ○표 하시오.

(1) 모든 사람이 한자리에 모여 지역의 중요한 일을 결정하기가 어렵기 때문이야.

(2) 대표자에게 국가의 모든 권력을 집중시킬 수 있기 때문이야.

(   )   (   )

12 ➕ 11종 공통

민주 선거의 기본 원칙 중 비밀 선거에 대해 설명한 친구를 위의 보기 에서 골라 기호를 쓰시오.

(   )

2 일상생활과 민주주의 (2)

개념 강의

1 민주주의를 실천하는 태도 자료1

관용	나와 다른 의견을 인정하고 포용하는 태도
관심과 참여(실천)	우리 주변의 문제에 관심을 가지고 이를 해결하기 위해 적극적으로 참여하는 태도
비판적 태도	어떤 사실이나 의견의 옳고 그름을 따져 살펴보는 태도
양보와 타협	서로의 입장에서 문제를 이해하고 상대방을 배려하여 협의하는 것

2 민주적 의사 결정 원리

① 대화와 토론, 양보와 타협 예 터널 건설 문제 ⊕

○○시와 ★★시를 오가는 터널 건설 문제를 의논하기 위해 공청회가 열림.	→	공청회에 시장, 시청 공무원, 주민들이 참석해 이 문제를 어떻게 해결하면 좋을지 논의함.	→	터널을 건설하고, 환경 보호를 위한 시설도 함께 만들기로 함.

➡ 공청회에서 대표자들은 대화와 토론을 거쳐 양보와 타협으로 문제를 해결했습니다.

② 다수결의 원칙 자료2

의미	다수의 의견이 소수의 의견보다 합리적일 것이라고 가정하고 다수의 의견을 채택하는 방법
좋은 점	사람들끼리 양보와 타협이 어려울 때 쉽고 빠르게 문제를 해결할 수 있음.
주의할 점	• 소수의 의견도 존중해야 함. ⊕ • 충분한 대화를 통해 의견을 조정하고 타협해야 함.

3 민주적 의사 결정 원리에 따라 문제 해결하기 자료3

1 문제 상황 및 원인 파악	문제를 해결하기 위해서는 문제 상황을 확인하고 문제의 원인을 파악하는 것이 중요함.
2 문제 해결 방안 탐색	문제 상황을 파악한 후에는 서로 의견을 나누며 다양한 해결 방안을 찾는 과정이 필요함.
3 문제 해결 방안 결정	문제 해결 방안을 결정하는 과정에서는 충분한 대화와 토론을 거쳐 타협을 하고, 소수의 의견을 반영하려고 노력해야 함.
4 해결 방안 실천 및 반성	• 민주적 의사 결정 원리에 따라 해결 방안을 선정한 후에는 이를 실천해야 함. • 해결 방안을 실천하는 과정에서 예상하지 못한 새로운 문제가 나타난 경우에는 해결 방안을 수정하거나 보완하기도 함.

⊕ 터널 건설에 대한 찬반 의견

찬성	• 교통 혼잡 문제를 해결할 수 있음. • 도시 발전에 도움이 됨.
반대	• 소음과 먼지 때문에 주민들이 피해를 입을 수 있음. • 터널 공사로 동식물들이 살기 어려워짐.

⊕ 잘못된 다수결의 원칙의 사례

• 이탈리아의 과학자 갈릴레오 갈릴레이는 지구가 태양 주변을 돈다는 코페르니쿠스의 지동설이 옳다고 주장했고, 이 때문에 종교 재판에 넘겨졌습니다.
• 그 당시 사람들은 모든 천체가 지구를 중심으로 돈다고 믿고 있었기 때문에 갈릴레오 갈릴레이를 이상한 사람으로 생각했습니다.
• 1992년에 로마 교회는 갈릴레오 갈릴레이에 대한 재판이 잘못되었다고 인정했습니다.

다수의 의견이 항상 옳은 것은 아니기 때문에 소수의 의견도 항상 존중해야 합니다.

용어 사전

● **포용하다** 너그럽게 받아들이다.
● **협의** 비슷한 목적을 가진 여러 사람이 함께 의견을 하나로 모으기 위해 서로 의논하는 것.
● **채택** 여럿 중에서 골라 결정하는 것.

◆교과서 통합 대표 자료

자료 1 민주주의를 실천하는 바람직한 태도

관심과 실천 우리 주변의 문제에 관심을 가지고 이를 해결하기 위해 적극적으로 참여하는 태도

친구들과 의견을 모아 결정한 일은 잘 따르고 실천하는 것이 중요해.

키가 큰 친구가 시력이 좋지 않아 앞자리에 앉으면 뒤에 앉은 친구가 칠판이 잘 보이지 않을 수 있어.

관용 나와 다른 의견을 인정하고 포용하는 태도

키 순서로 앉자는 의견도 좋은 것 같아!

키 순서로 자리를 정한 다음에 시력이 좋지 않은 친구들은 다시 자리를 바꾸는 것이 좋겠어.

비판적 태도 사실이나 의견의 옳고 그름을 따져 살펴보는 태도

양보와 타협 서로의 입장에서 문제를 이해하고 상대방을 배려하여 협의하는 것

자료 2 다수결의 원칙을 활용한 사례

▲ 선거로 대표 결정

가장 많은 표를 받은 학생이 당선되었습니다.

＜학급 회장 선거＞
후보 1 김유진
후보 2 이유현
후보 3 강하나

▲ 학급 회의로 안건 결정

우리 가족 대부분이 원하던 곳으로 여행을 가게 되었네요.

다수결의 원칙에 따라 여름 휴가는 부산으로 가겠습니다.

▲ 일상생활에서의 의사 결정

자료 3 민주적 의사 결정 원리에 따라 문제를 해결하는 과정 예 쓰레기 문제

쓰레기 냄새가 심해요.

우리 지역의 쓰레기 문제를 해결하기 위한 의견을 말씀해 주세요.

쓰레기통을 여러 곳에 마련합시다.

CCTV를 설치합시다.

① 문제 확인하기

② 해결 방안 탐색하기

투표 결과 쓰레기통을 추가로 설치하자는 의견이 채택되었습니다.

③ 해결 방안 결정하기

쓰레기통을 설치하니 사람들이 함부로 쓰레기를 버리는 일이 줄어들었어요.

④ 해결 방안 실천하기

기본 개념 문제

● 정답과 풀이 5쪽

1

나와 다른 의견을 인정하고 포용하는 태도를 (　　　　　)(이)라고 합니다.

2

(　　　　　)(이)란 어떤 사실이나 의견의 옳고 그름을 따져 살펴보는 태도를 말합니다.

3

공동의 문제가 발생할 경우 대화와 토론을 거쳐 양보와 (강요 , 타협)(으)로 문제를 해결합니다.

4

(다수결 , 소수결)의 원칙이란 다수의 의견이 소수의 의견보다 합리적일 것이라고 가정하고 다수의 의견을 채택하는 방법입니다.

5

문제를 해결하기 위해서는 원인을 파악하는 것이 중요합니다.

(○ , ×)

2 일상생활과 민주주의 (2)

[1-2] 다음 보기 를 보고, 물음에 답하시오.

> **보기**
> ㉠ 관용   ㉡ 실천   ㉢ 무관심
> ㉣ 양보와 타협   ㉤ 비판적 태도

1 ⊕ 11종 공통

생활 속에서 민주주의를 실천하기 위한 바람직한 태도가 아닌 것을 위의 보기 에서 골라 기호를 쓰시오.

( )

2 ⊕ 11종 공통

다음과 같은 태도를 민주주의를 실천하는 태도 중 무엇이라고 하는지 위의 보기 에서 골라 기호를 쓰시오.

> 문제와 갈등을 해결하려면 대화와 토론을 바탕으로 나와 다른 의견을 인정하고 포용하는 태도가 필요합니다.

( )

3 ⊕ 11종 공통

다음 중 생활 속에서 민주주의를 실천하는 바람직한 태도가 아닌 것을 골라 기호를 쓰시오.

> 일상생활에서 부딪히는 다양한 문제와 갈등을 해결하려면 ㉠ 대화와 토론을 바탕으로 ㉡ 관용과 ㉢ 비판적 태도, ㉣ 무시하는 자세가 필요합니다. 또한 ㉤ 함께 결정한 일은 따르고 실천해야 합니다.

( )

4 ⊕ 11종 공통

다음 중 민주적 의사 결정 원리가 아닌 것은 어느 것입니까? ( )

① 대화와 토론을 한다.
② 양보와 타협을 한다.
③ 소수의 의견을 존중한다.
④ 다수결의 원칙을 사용한다.
⑤ 다수의 의견은 항상 옳은 것이라고 생각한다.

5 ⊕ 11종 공통

다음과 같은 일이 발생했을 때 민주주의 사회에서 문제를 해결하는 바람직한 태도는 무엇입니까?

( )

> ○○시와 ★★시를 오가는 터널을 건설하면 소음과 먼지 때문에 인근 주민들이 피해를 보게 되어, 주민들이 반대하고 있습니다.

① 공공 기관에서 마음대로 터널을 건설한다.
② 지역에 오래 살고 있는 지역 주민들의 의견에 따른다.
③ 터널 건설을 반대하는 주민들이 포기할 때까지 기다린다.
④ 다른 지역 주민들이 모여서 투표를 하여 다수결의 원칙에 따른다.
⑤ 대표자들이 모여 대화와 토론을 거쳐 양보와 타협으로 문제를 해결한다.

6 ⊕ 11종 공통

다음 ㉠~㉢에 들어갈 알맞은 말에 각각 ○표 하시오.

> 다수결의 원칙이란 ㉠ (다수 , 소수)의 의견이 ㉡ (다수 , 소수)의 의견보다 합리적일 것이라고 가정하고 ㉢ (다수 , 소수)의 의견을 채택하는 방법입니다.

7 ➕11종 공통

의사 결정을 할 때 다수결의 원칙을 사용하면 좋은 점은 무엇입니까? (   )

① 소수의 의견에 따를 수 있다.
② 항상 옳은 결정을 내릴 수 있다.
③ 쉽고 빠르게 문제를 해결할 수 있다.
④ 사람들의 의견을 자세히 알릴 수 있다.
⑤ 모든 사람의 의견을 다 반영할 수 있다.

8 서술형 ➕11종 공통

다수결의 원칙을 사용할 때 주의할 점은 무엇인지 쓰시오.

_____

_____

9 ➕11종 공통

다수결의 원칙을 사용한 사례로 알맞지 <u>않은</u> 것은 어느 것입니까? (   )

①
주차 문제를 어떻게 해결하면 좋을지 논의해 볼까요?
▲ 주민 회의

②
우리 가족 대부분이 원하던 곳으로 여행을 가게 되었네요.
▲ 일상생활에서의 의사 결정

③
▲ 선거로 대표 결정

④
<학급 회장 선거>
후보 1 김유진
후보 2 이유원
후보 3 강하오
가장 많은 표를 받은 학생이 당선되었습니다.
▲ 학급 회의로 안건 결정

[10-12] 다음을 보고, 물음에 답하시오.

㉠
투표 결과 쓰레기통을 추가로 설치하자는 의견이 채택되었습니다.
▲ 해결 방안 결정하기

㉡
우리 지역의 쓰레기 문제를 해결하기 위한 의견을 말씀해 주세요.
▲ 해결 방안 탐색하기

㉢
쓰레기통을 설치하니 사람들이 함부로 쓰레기를 버리는 일이 줄어들었어.
▲ 해결 방안 실천하기

㉣
쓰레기 냄새가 심해요.
▲ 문제 확인하기

10 ➕11종 공통

위의 ㉠~㉣을 민주적 의사 결정 원리에 따라 문제를 해결하는 과정에 맞게 순서대로 기호를 쓰시오.

(   ) → (   ) → (   ) → (   )

11 ➕11종 공통

위의 ㉠~㉣에 나타난 문제를 해결하기 위한 가장 민주적인 방법은 무엇입니까? (   )

① 지역의 대표자의 결정에 따른다.
② 가장 나이가 많은 주민의 의견에 따른다.
③ 지역 주민들이 정해 주는 결정에 따른다.
④ 경쟁을 하여 이기는 사람의 의견을 따른다.
⑤ 지역 자치 회의를 열어 함께 의논해 해결한다.

12 서술형 ➕11종 공통

위의 ㉢과 같은 상황에서 새로운 문제가 나타난 경우 어떻게 해야 하는지 쓰시오.

_____

_____

3 민주 정치의 원리와 국가 기관의 역할 (1)

1 국민 주권

① 국민 주권의 의미 →국민 주권은 민주 정치의 중요한 원리예요.
- 국민이 한 나라의 주인으로서 나라의 중요한 일을 스스로 결정하는 권리를 말합니다. ➕
- 우리나라 헌법에서는 주권이 국민에게 있음을 분명히 하고 있으며, 이를 실현하려고 국민의 자유와 권리를 법으로 보장하고 있습니다. 자료 1

② 국민 주권을 지키려는 우리나라 국민의 노력: 우리나라 정치 발전 과정에서 4·19 혁명, 5·18 민주화 운동, 6월 민주 항쟁 등에서 찾아볼 수 있습니다. 자료 2

▲ 4·19 혁명

▲ 5·18 민주화 운동

▲ 6월 민주 항쟁

2 국회

① 국회의 의미: 국민의 대표인 국회 의원이 나라의 중요한 일을 의논하고 결정하는 곳입니다.

② 국회에서 하는 일

법을 만드는 일	• 법을 만드는 일을 하며, 법을 고치거나 없애기도 함. 자료 3 • 이러한 점에서 국회를 입법부라고 부르기도 함.
예산을 심의하여 확정하는 일	• 행정부에서 계획한 예산안을 살펴보고, 이미 사용한 예산이 잘 쓰였는지를 심사함. • 예산의 대부분은 국민이 낸 세금으로 마련하기 때문에 국민의 대표인 국회 의원이 이를 확정하는 것임.
행정부를 살펴보는 일	• 국정 감사를 통해 행정부가 법에 따라 일을 잘하고 있는지 감독하며, 잘못한 일이 있으면 바로잡도록 요구함. • 인사 청문회를 통해 고위 공무원이 될 사람이 적합한 능력을 갖추었는지 확인함. →대통령이 대법원장이나 국무총리를 임명할 때는 국회의 동의를 얻어야 해요.

▲ 예산 심의 및 확정

▲ 국정 감사

▲ 인사 청문회

③ 국회 의원
- 우리나라에서는 4년마다 선거를 통해 국민의 대표인 국회 의원을 선출합니다.
- 국회 의원들은 국회 의사당에 모여 법률, 예산 등과 관련된 국회의 중요한 일을 결정합니다. ➕

➕ **국민이 주권을 가지고 있지 않으면 생길 일**
- 투표에 참여할 수 없습니다.
- 국회 의원 선거의 후보가 될 수 없습니다.
- 지역의 문제를 해결하는 데 참여할 수 없습니다.

➕ **국회 의사당**

국회 의사당은 우리나라 국회가 열리는 건물입니다.

용어 사전
- ● **예산** 1년간의 국가 수입과 지출에 대한 계획.
- ● **심의** 회의에 내놓은 의견을 자세히 따지고 논의하는 것.
- ● **국정 감사** 국회가 행정부의 업무를 감독하고 어떠한 비리나 문제가 있는지 조사하는 일.

자료 1 헌법에 담긴 국민 주권

> **대한민국 헌법**
>
> 제1조 제1항
> 대한민국은 민주공화국이다.
> 제1조 제2항
> 대한민국의 주권은 국민에게 있고, 모든 권력은 국민으로부터 나온다.

▶ 우리나라 헌법에는 국민 주권의 원리가 나타나 있으며, 이는 국가가 함부로 국민의 권리를 침해할 수 없다는 것을 의미합니다.

자료 2 국민 주권의 원리가 드러나는 사례

대통령, 국회 의원과 같은 국민의 대표를 투표로 국민이 직접 뽑습니다.

인터넷 게시판에 정책을 직접 제안하거나 정치적 의견을 올립니다.

중요한 사회 문제가 있을 때 직접 모여서 해결을 요구합니다.

국가의 중요한 일을 결정할 때 국민 투표를 실시합니다.

자료 3 법을 만드는 과정

1 어린이 보호 구역에서 교통사고가 증가하자, 문제를 해결해달라는 국민의 요구가 늘어났습니다. →

2 국회 의원이 국민의 요구에 따라 새로운 법을 만들자는 제안을 합니다. →

3 국회 의원들이 모여서 법률안을 살펴보고, 투표를 통해서 법안을 통과시킵니다. →

4 대통령이 통과된 법률안에 대해서 최종 동의를 하면, 법을 시행합니다.

▶ 법은 민주주의 국가에서 문제를 해결하는 기준이기 때문에 국회에서 법을 만드는 일은 가장 중요합니다.

● 정답과 풀이 6쪽

1
(   )은/는 국민이 한 나라의 주인으로서 나라의 중요한 일을 스스로 결정할 권리를 말합니다.

2
우리나라 헌법에서는 국민의 자유와 권리를 법으로 보장하고 있습니다.

(○ , ×)

3
(   )은/는 국민의 대표인 국회 의원이 나라의 중요한 일을 의논하고 결정하는 곳입니다.

4
국회는 (국정 감사 , 인사 청문회)를 통해서 고위 공무원이 될 사람이 적합한 능력을 갖추었는지 확인합니다.

5
우리나라에서는 5년마다 선거를 통해 국민의 대표인 국회 의원을 선출합니다.

(○ , ×)

3 민주 정치의 원리와 국가 기관의 역할 (1)

1 ⊕ 11종 공통

다음에서 설명하는 것은 무엇인지 쓰시오.

> 국민이 한 나라의 주인으로서 나라의 중요한 일을 스스로 결정하는 권리로, 나라의 주인인 국민 모두가 가지는 것입니다.

( )

[2-3] 다음 자료를 보고, 물음에 답하시오.

대한민국 (㉠)

제1조 제1항
대한민국은 민주 공화국이다.

제1조 제2항
대한민국의 주권은 국민에게 있고, 모든 권력은 국민으로부터 나온다.

2 ⊕ 11종 공통

위의 ㉠에 들어갈 알맞은 말을 쓰시오.

( )

3 서술형 ⊕ 11종 공통

위 **2**번 답과 같은 법에 국민 주권이 명시되어 있는 것은 어떤 의미가 있는지 쓰시오.

_____

_____

4 ⊕ 11종 공통

우리나라의 민주주의 발전 과정에서 가장 마지막에 일어난 사건을 보기 에서 골라 기호를 쓰시오.

> 보기
> ㉠ 4·19 혁명   ㉡ 6월 민주 항쟁
> ㉢ 3·15 부정 선거   ㉣ 5·16 군사 정변
> ㉤ 5·18 민주화 운동

( )

5 ⊕ 11종 공통

다음 중 국민 주권이 드러나는 사례로 알맞지 <u>않은</u> 것을 보기 에서 골라 기호를 쓰시오.

> 보기
> ㉠ 국민의 대표를 투표로 뽑는다.
> ㉡ 신문과 방송에 정부에 유리한 내용만 전하도록 한다.
> ㉢ 중요한 사회 문제가 있을 때 직접 모여서 해결을 요구한다.
> ㉣ 인터넷 게시판에 정책을 직접 제안하거나 정치적 의견을 올린다.

( )

6 ⊕ 11종 공통

국민이 선거로 선출된 국민의 대표들이 나라의 중요한 일을 결정하는 곳은 어디입니까? ( )

①
▲ 행정부

②
▲ 법원

③
▲ 국회

④
▲ 헌법 재판소

7 ➕ 11종 공통

다음 중 국회에서 하는 일로 알맞은 것은 어느 것입니까? (   )

① 법에 따라 재판을 한다.
② 법을 만드는 일을 한다.
③ 나라 살림에 필요한 예산을 계획한다.
④ 대통령을 도와 행정 각 부를 관리한다.
⑤ 법률이 헌법에 어긋나지 않는지 판단한다.

8 서술형   미래엔, 천재교육 외

다음과 같은 일이 국회에서 하는 가장 중요한 일인 까닭은 무엇인지 쓰시오.

> **법을 만드는 과정**
> 1 어린이 보호 구역에서 교통사고가 증가하자, 문제를 해결해달라는 국민의 요구가 늘어났습니다.
> 2 국회 의원이 국민의 요구에 따라 새로운 법을 만들자는 제안을 합니다.
> 3 국회 의원들이 모여서 법률안을 살펴보고, 투표를 통해서 법안을 통과시킵니다.
> 4 대통령이 통과된 법률안에 대해서 최종 동의를 하면, 법을 시행합니다.

_____

_____

9 ➕ 11종 공통

다음 (   ) 안에 공통으로 들어갈 말을 쓰시오.

> 국회에서는 나라의 살림에 필요한 (   )을/를 심의하여 확정하는 일을 합니다. (   )의 대부분은 국민이 낸 세금으로 마련하기 때문에 국민의 대표인 국회 의원이 이를 확정합니다.

(   )

10 ➕ 11종 공통

국회에서 하는 일에 대한 설명을 찾아 선으로 알맞게 연결하시오.

(1) 국정 감사 •

(2) 인사 청문회 •

• ㉠ 고위 공무원이 될 사람이 적합한 능력을 갖추었는지 확인함.

• ㉡ 행정부가 법에 따라 일을 잘하고 있는지 감독함.

11 ➕ 11종 공통

다음 친구들이 설명하는 것은 무엇인지 쓰시오.

국민의 선거로 4년마다 선출하는 국민의 대표예요.

국회 의사당에 모여 국회의 중요한 일을 결정해요.

(   )

12 ➕ 11종 공통

국회 의원에 대한 설명으로 옳지 <u>않은</u> 것은 어느 것입니까? (   )

① 4년마다 선출한다.
② 국민이 선거로 뽑는다.
③ 법을 만드는 일을 한다.
④ 국회 의사당에서 일한다.
⑤ 행정부의 최고 책임자이다.

3 민주 정치의 원리와 국가 기관의 역할 (2)

1 행정부

① **행정부의 의미**: 국회에서 만든 법에 따라 나라의 살림을 맡아 하는 곳입니다.

② **행정부의 구성**: 우리나라의 행정부는 대통령을 중심으로 국무총리, 여러 행정 부서 등으로 구성됩니다. ➕ 자료 1

대통령	외국에 대해 우리나라를 대표하며, 행정부의 최고 책임자로 나라의 중요한 일을 결정함.
국무총리	• 대통령을 도와 각 부를 관리함. • 대통령이 외국을 방문하거나 특별한 이유로 일하지 못하면 대통령의 임무를 대신함.
행정 각 부	장관과 차관, 그리고 많은 공무원이 국민의 안전과 행복을 위해 여러 가지 일을 함.

③ **행정 각 부에서 하는 일**

국민의 교육에 관한 일을 책임져요.

국방부 나라를 지켜요.

교육부

국토를 개발하는 일을 담당해요

국토교통부

국방부	우리나라를 지키고 국민을 보호함.	기상청	기상을 관측해 날씨를 알려 줌.
교육부	국민의 교육에 관한 일을 책임짐.	국토교통부	국토를 개발하는 일을 담당함.
농림 축산 식품부	농산물의 가격과 품질을 관리하고 안정적인 식량 공급을 위해 노력함.	문화 체육 관광부	우리나라의 문화와 체육 발전을 위해 힘씀.

2 법원 → 우리나라 최고의 법원을 대법원이라고 해요.

① **법원의 의미**: 법에 따라 재판을 하는 곳으로, 사람들은 다툼이 생기거나 억울한 일을 당했을 때 재판으로 문제를 해결합니다. ➕ 자료 2

② **공정한 재판을 위한 제도**

법원의 독립	• 공정한 재판으로 국민의 자유와 권리를 보장하고자 법원은 외부의 영향이나 간섭을 받지 않아야 함. • 법관은 개인적인 의견이 아니라 헌법과 법률에 따라 공정하게 판결을 내려야 함.
재판 공개	특정한 경우를 제외한 모든 재판의 과정과 결과를 공개해 억울한 사람이 생기지 않도록 하고 있음.
3심 제도	국민이 공정한 재판을 받을 수 있도록 한 사건에 원칙적으로 세 번까지 재판을 받을 수 있는 3심 제도를 두고 있음.

➕ 국무 회의

행정부의 주요 정책을 심의하는 최고의 심의 기관으로 의장인 대통령과 부의장인 국무총리, 국무 위원으로 구성됩니다.

➕ 헌법 재판소

헌법재판소

법률이 헌법에 어긋나지 않는지 또는 국가 기관이 국민의 기본권을 침해했는지 판단하며, 지위가 높은 공무원들의 파면을 심판합니다.

용어 사전

● **차관** 장관을 돕고 대리할 수 있는 장관 다음가는 직위, 또는 그 직위에 있는 사람.

● **관측** 자연 현상을 관찰하여 어떤 사실을 조사하거나 알아내는 것.

● **간섭** 자기와 직접 관계가 없는 일에 끼어들어 성가시게 구는 것.

● **원칙** 여러 가지 경우에 적용되는 기본적인 규칙이나 법칙.

자료 1 우리나라의 행정부 조직도

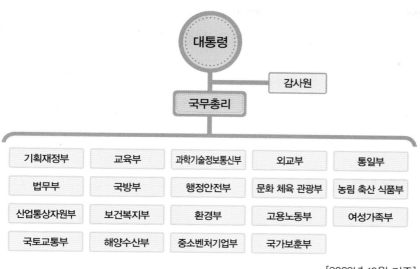

[2023년 10월 기준]

▶ 국회에서 만든 법에 따라 다양한 정책을 만들고 시행하는 국가 기관을 행정부 또는 정부라고 합니다.

▶ 행정부 조직은 법률에 따라 새로 만들어지거나 조정되기도 합니다.

자료 2 법원에서 하는 일

사람들 사이의 다툼을 해결함.

법을 지키지 않은 사람을 처벌함.

개인과 국가, 지방 자치 단체 사이에서 생긴 갈등을 해결함.

▶ 법원에서는 사람들 사이의 다툼을 재판으로 해결하고, 법을 어긴 사람을 처벌하여 사회의 질서를 유지합니다.

▶ 개인과 국가, 지방 자치 단체 사이에서 생긴 갈등을 해결해 주기도 합니다.

● 정답과 풀이 7쪽

1

(   )은/는 국회에서 만든 법에 따라 나라의 살림을 맡아 하는 곳입니다.

2

행정부의 최고 책임자로 나라의 중요한 일을 결정하는 사람은 국무총리입니다.

(○ , ×)

3

(교육부 , 국방부)는 우리나라를 지키고 국민을 보호합니다.

4

(   )은/는 법에 따라 재판을 하는 곳으로, 사람들은 다툼이 생기거나 억울한 일을 당했을 때 재판으로 문제를 해결합니다.

5

국민이 공정한 재판을 받을 수 있도록 한 사건에 원칙적으로 세 번까지 재판을 받을 수 있는 (   )을/를 두고 있습니다.

1 ✚ 11종 공통

행정부의 구성에 대한 설명으로 옳지 <u>않은</u> 것은 어느 것입니까? (   )

① 대통령, 국무총리, 행정 각 부가 있다.
② 대통령은 나라의 중요한 일을 결정한다.
③ 국무총리는 대통령을 도와 각 부를 관리한다.
④ 대통령이 자리를 비우면 국방부 장관이 임무를 대신한다.
⑤ 행정 각 부에서는 국민의 안전과 행복을 위해 여러 가지 일을 한다.

2 ✚ 11종 공통

다음과 같이 행정부의 주요 정책을 심사하고 토의하는 최고의 심의 기관을 무엇이라고 하는지 쓰시오.

(   )

3 ✚ 11종 공통

대통령에 대한 설명으로 옳지 <u>않은</u> 것은 어느 것입니까? (   )

① 임기는 4년이다.
② 국민이 직접 뽑는다.
③ 행정부의 최고 책임자이다.
④ 나라의 중요한 일을 결정한다.
⑤ 외국에 대해 우리나라를 대표한다.

4 서술형 ✚ 11종 공통

국무총리에 대해 잘못 설명한 것을 보기 에서 골라 기호를 쓰고, 틀린 까닭을 쓰시오.

> **보기**
> ㉠ 행정부의 최고 책임자이다.
> ㉡ 대통령을 도와 각 부를 관리한다.
> ㉢ 행정부에 소속되어 있는 사람이다.
> ㉣ 대통령이 외국을 방문할 때 대통령의 임무를 대신한다.

_____

_____

5 ✚ 11종 공통

다음 ㉠~㉤에 들어갈 말이 알맞게 짝지어진 것이 <u>아닌</u> 것은 어느 것입니까? (   )

> (㉠)은/는 법에 따라 나라의 살림을 맡아 하는 곳입니다. 조직에는 (㉡)을/를 중심으로 국무총리와 여러 (㉢) 등으로 구성됩니다. 대통령은 (㉣)의 최고 책임자로 나라의 중요한 일을 결정하고, (㉤)은/는 대통령을 도와 각 부를 관리합니다.

① ㉠－행정부
② ㉡－대통령
③ ㉢－행정 부서
④ ㉣－행정부
⑤ ㉤－국회 의장

6 비상교과서, 아이스크림 외

행정부의 각 조직과 하는 일이 알맞게 짝지어진 것을 보기 에서 모두 골라 기호를 쓰시오.

> **보기**
> ㉠ 문화 체육 관광부 － 우리나라를 지킨다.
> ㉡ 국방부 － 기상을 관측해 날씨를 알려 준다.
> ㉢ 교육부 － 국민의 교육에 관한 일을 책임진다.
> ㉣ 국토교통부 － 국토를 개발하는 일을 담당한다.

(   )

7 ✚ 11종 공통

다음에서 설명하는 곳은 어디인지 쓰시오.

> 법에 따라 재판을 하는 곳으로, 사람들은 다툼이 생기거나 억울한 일을 당했을 때 재판으로 문제를 해결합니다.

(   )

8 ✚ 11종 공통

위 **7**번 답에서 하는 일로 알맞지 <u>않은</u> 것은 어느 것입니까? (   )

① 법을 지키지 않은 사람을 처벌한다.
② 사람들 사이의 다툼을 해결해 준다.
③ 법을 만들고, 법을 고치거나 없앤다.
④ 억울한 일을 당했을 때 해결해 준다.
⑤ 개인과 국가 사이에서 생긴 갈등을 해결해 준다.

9 미래엔, 비상교육 외

다음 (   ) 안에 들어갈 알맞은 말을 쓰시오.

(   )은/는 법률이 헌법에 어긋나지 않는지 또는 국가 기관이 국민의 기본권을 침해했는지를 판단하며 지위가 높은 공무원들의 파면을 심판합니다.

(   )

10 서술형 ✚ 11종 공통

법원이 독립 기관인 이유를 쓰시오.

_____

_____

[11-12] 다음 글을 읽고, 물음에 답하시오.

> • 우리나라 법원에서 실시하는 제도입니다.
> • 국민이 공정한 재판을 받을 수 있도록 한 사건에 원칙적으로 세 번까지 재판을 받을 수 있습니다.

11 ✚ 11종 공통

위에서 설명하는 공정한 재판을 위한 제도는 무엇인지 쓰시오.

(   )

12 ✚ 11종 공통

위와 같은 제도를 실시하는 까닭은 무엇입니까?

(   )

① 법원에서 하는 재판이 많지 않기 때문이다.
② 판사는 언제나 옳은 판단을 하기 때문이다.
③ 국민의 자유와 권리를 제한하기 위해서이다.
④ 억울한 판결을 받는 사람이 없도록 하기 위해서이다.
⑤ 검사와 변호인이 증거를 모을 시간이 필요하기 때문이다.

3 민주 정치의 원리와 국가 기관의 역할 (3)

1 권력 분립의 필요성

① 국가의 일을 나누어 맡아야 하는 까닭 [자료1]
- 한 사람이나 기관이 국가의 일을 결정하는 권한을 모두 가진다면, 그 권한을 마음대로 사용하거나 잘못된 결정을 할 수도 있습니다.
- 국가의 중요한 일을 결정하는 권력이 한곳에 집중되면 국민의 자유와 권리가 침해받을 수 있습니다. ⊕

② 삼권 분립 [자료2]

삼권 분립의 의미	국가 권력을 국회, 행정부, 법원이 나누어 맡는 것 ⊕
삼권 분립을 하는 까닭	한 기관이 국가의 중요한 일을 마음대로 처리할 수 없도록 서로 견제하고 균형을 이루게 하여 국민의 자유와 권리를 지키기 위해서임.

2 일상생활에서 민주 정치의 원리가 적용된 사례

전통시장 보호하라
대형 할인점 입점 반대

- 전통 시장 상인들은 대형 할인점의 입점을 취소해 달라고 요구했습니다.
- 언론에서 전통 시장 상인들이 겪고 있는 여러 가지 어려움을 전했습니다. ⊕ [자료3]

- 행정부는 대형 할인점에 대한 규제가 기업의 영업을 방해하고 소비자에게 불편을 줄 수 있어 신중한 태도를 취했습니다.
- 국회는 대정부 질문에서 전통 시장을 보호하는 법이 필요하다며 행정부를 견제했습니다.
  └ 대정부 질문은 국회 의원이 행정부에 국정의 문제점을 제기하는 제도를 말해요.

- 국회에서는 전통 시장 상인들을 보호하는 법을 만들었습니다.
- 이 법으로 지방 의회는 대형 할인점의 위치와 영업시간을 제한하는 조례를 제정할 수 있게 되었습니다.

- 대형 할인점에서는 이 법에 따른 제한 조치가 영업 활동에 해를 끼친다고 소송을 제기했습니다.
- 그러나 헌법 재판소는 전통 시장 상인들을 보호하는 이 조치가 옳다고 판결했습니다.

⊕ 권력 분립

국가 기관이 권력을 나누어 가지고 서로 감시하는 민주 정치의 원리입니다.

⊕ 헌법이 규정하는 삼권 분립

제40조 입법권은 국회에 속한다.

제66조 제4항 행정권은 대통령을 수반으로 하는 정부에 속한다.

제101조 제1항 사법권은 법관으로 구성된 법원에 속한다.

우리나라는 국가 권력을 국회, 행정부, 법원이 나누어 맡습니다.

⊕ 공청회 모습

공청회

전통 시장 상인들을 보호해야 한다는 여론이 형성되자, 국회에서 공청회가 열렸습니다.

용어 사전

- **침해** 함부로 남의 일에 끼어들어 해를 끼치는 것.
- **견제** 한쪽이 지나치게 세력을 가지지 못하도록 다른 쪽이 통제하는 것.
- **조례** 지역의 일을 처리하려고 지방 자치 단체가 만드는 법.
- **소송** 재판으로 판결을 내려 줄 것을 법원에 요구하는 제도.

자료 1 한 사람에게 권력이 집중될 때 발생하는 문제

프랑스의 왕이었던 루이 14세는 전쟁에서 승리하며 키운 강력한 힘을 바탕으로 마음대로 법을 만들어 집행했어요. 연회를 즐기면서 세금을 낭비했으며, 세상에서 가장 크고 화려한 베르사유 궁전을 짓기도 했어요. 하지만 아무도 루이 14세의 결정을 말릴 수가 없었어요. 결국 백성들은 먹고살기 어려워졌고 궁전을 짓는 공사에 동원되어 사고로 다치거나 죽기도 했어요.

▲ 루이 14세(1638~1715)

자료 2 삼권 분립의 원리

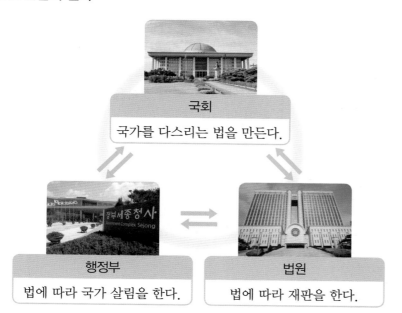

국회
국가를 다스리는 법을 만든다.

행정부
법에 따라 국가 살림을 한다.

법원
법에 따라 재판을 한다.

자료 3 일상생활에서 일어나는 갈등

○○신문   20△△년 △△월 △△일

전통 시장과 대형 할인점의 갈등

20△△년 ○○동 전통 시장에서 불과 200m밖에 떨어지지 않은 곳에 대형 할인점이 들어섰다. 대형 할인점이 생긴 후, 전통 시장에는 사람들이 눈에 띄게 줄었다. 그러나 대형 할인점은 각종 기획 행사와 할인 행사로 북새통을 이뤘다. 결국 이 전통 시장의 전체 매출액은 절반으로 감소했다. 또 대형 할인점 때문에 전통 시장과 골목 상권의 위기가 더 커지고 시장 주변의 교통 문제가 심각해졌다. 이에 전통 시장 연합회는 전통 시장 근처에 대형 할인점의 입점을 취소해 달라고 요구했다.

▶ 전통 시장과 대형 할인점의 갈등은 민주적인 태도로 해결해야 합니다.

1
국가의 중요한 일을 결정하는 권력이 (한곳에 , 여러 곳에) 집중되면 국민의 자유와 권리가 침해받을 수 있습니다.

2
권력 분립은 한 사람이 권력을 가지는 민주 정치의 원리입니다.
(○ , ×)

3
우리나라는 국가 권력을 국회, 행정부, 법원이 나누어 맡습니다.
(○ , ×)

4
(   )은/는 국가 권력을 국회, 행정부, 법원이 나누어 맡는 것을 말합니다.

5
일상생활에서도 민주 정치의 원리가 적용됩니다.
(○ , ×)

1 ➕ 11종 공통

국가 기관이 권력을 나누어 맡아야 하는 까닭은 무엇입니까? ( )

① 기업의 편의를 봐주기 위해서
② 부정부패를 눈감아 주기 위해서
③ 나라의 경제를 발전시키기 위해서
④ 한 사람이 모든 권력을 갖기 위해서
⑤ 국민의 자유와 권리를 지키기 위해서

2 서술형 비상교과서, 비상교육 외

다음 밑줄 친 부분과 같은 일이 발생했던 까닭을 쓰시오.

> 프랑스의 왕이었던 루이 14세는 전쟁에서 승리하며 키운 강력한 힘을 바탕으로 마음대로 법을 만들어 집행했어요. 연회를 즐기면서 세금을 낭비했으며, 세상에서 가장 크고 화려한 베르사유 궁전을 짓기도 했어요. 하지만 아무도 루이 14세의 결정을 말릴 수가 없었어요. 결국 백성들은 먹고살기 어려워졌고 궁전을 짓는 공사에 동원되어 사고로 다치거나 죽기도 했어요.

_____

_____

3 ➕ 11종 공통

한 사람이나 기관이 국가의 일을 결정하는 권한을 모두 가질 때의 문제점을 알맞게 말한 친구를 골라 ○표 하시오.

(1) 국민이 피해를 입는 경우가 많이 생겨요. ( )

(2) 나라의 경제가 빠르게 발전해요. ( )

4 ➕ 11종 공통

민주 정치의 중요한 원리를 보기 에서 모두 골라 기호를 쓰시오.

> **보기**
> ㉠ 국민 주권 ㉡ 권력 분립
> ㉢ 독재 강화 ㉣ 대통령 간선제

( )

5 ➕ 11종 공통

다음 ( ) 안에 들어갈 알맞은 말을 쓰시오.

> 우리나라는 국가 권력을 국회, 행정부, 법원이 나누어 맡는데, 이를 ( )(이)라고 합니다.

( )

6 ➕ 11종 공통

다음 ㉠~㉢에 들어갈 알맞은 말을 보기 에서 찾아 각각 쓰시오.

> **보기**
> • 사법권 • 입법권 • 행정권

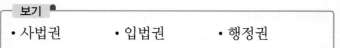
대한민국 헌법

> 제40조 (㉠)은/는 국회에 속한다.
> 제66조 제4항 (㉡)은/는 대통령을 수반으로 하는 정부에 속한다.
> 제101조 제1항 (㉢)은/는 법관으로 구성된 법원에 속한다.

[7-8] 다음 자료를 보고, 물음에 답하시오.

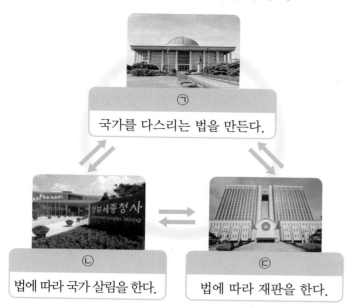

7 ➕ 11종 공통

위의 ㉠~㉢에 들어갈 국가 기관을 각각 쓰시오.

㉠ (   )

㉡ (   )

㉢ (   )

8 서술형 ➕ 11종 공통

위와 같이 우리나라에서 삼권 분립을 하는 까닭을 쓰시오.

_____

_____

9 ➕ 11종 공통

다음에서 설명하는 것은 무엇인지 쓰시오.

> 국회 의원이 행정부에 국정의 문제점을 제기하는 제도를 말합니다.

(   )

[10-12] 다음을 보고, 물음에 답하시오.

> **1** 전통 시장 상인들을 보호해야 한다는 여론이 형성되자, 국회에서 (㉠)이/가 열렸습니다.
>
> **2** 행정부는 대형 할인점에 대한 규제가 기업의 영업을 방해하고 소비자에게 불편을 줄 수 있어 신중한 태도를 취했고, 국회는 전통 시장을 보호하는 법이 필요하다며 행정부를 견제했습니다.
>
> **3** 국회에서는 전통 시장 상인들을 보호하는 _____
> ㉡
>
> **4** 대형 할인점에서는 이 법에 따른 제한 조치가 영업 활동에 해를 끼친다고 소송을 제기했습니다. 그러나 (㉢)은/는 전통 시장 상인들을 보호하는 이 조치가 옳다고 판결했습니다.

10 ➕ 11종 공통

위 ㉠에 들어갈 말로, 정책 결정 전에 관련된 사람들과 전문가의 의견을 듣는 공개 회의를 무엇이라고 하는지 쓰시오.

(   )

11 ➕ 11종 공통

위 밑줄 친 ㉡에 들어갈 국회에서 한 일은 무엇입니까? (   )

① 법을 만들었다.

② 법을 집행했다.

③ 예산안을 계획했다.

④ 국가 기관을 만들었다.

⑤ 시민 단체를 지원했다.

12 ➕ 11종 공통

위 ㉢에 들어갈 알맞은 기관은 무엇입니까? (   )

① 국회   ② 언론사   ③ 청와대

④ 행정부   ⑤ 헌법 재판소

1. 우리나라의 정치 발전

❶ 민주주의의 발전과 시민 참여

1. 4·19 혁명(1960년)

전개	4월 19일에 시민들과 학생들은 이승만 정부의 독재와 3·15 부정 선거로 짓밟힌 민주주의를 바로 세우고자 거리로 나섬.
결과	시위가 거세지자 ❶[　　　]은 대통령 자리에서 물러났고 3·15 부정 선거는 무효가 되었으며, 새로운 정부가 세워졌음.

2. 5·16 군사 정변(1961년)과 민주주의의 시련

전개	❷[　　　]가 군인들을 동원해 정권을 잡고, 헌법을 바꿔가며 독재 정치를 했음.
결과	1979년 박정희는 부하에게 살해됨.

3. 5·18 민주화 운동(1980년)

배경	전두환을 중심으로 한 새로운 군부 세력이 권력을 장악하며 민주화는 다시 좌절되었음.(12·12사태, 1979년)
전개	광주에서 대규모 민주화 시위가 일어나자 전두환이 보낸 계엄군이 시민들과 학생들을 폭력적으로 진압했음.

4. 6월 민주 항쟁(1987년)

전개	시민들과 학생들은 전두환 정부의 독재에 반대하고 대통령 ❸[　　　]를 요구하며 전국 곳곳에서 시위를 벌였음.
결과	6·29 민주화 선언이 발표되었음.

5. 6월 민주 항쟁 이후 민주화 과정

① **대통령 직선제 시행**: 1987년 제13대 대통령 선거부터 오늘날까지 대통령 직선제는 계속 시행되고 있습니다.

② **지방 자치제 시행**: 1990년대에 지방 의회 의원 선거와 함께 지방 자치 단체장 선거가 치러지면서 지방 자치제가 완전하게 자리 잡게 되었습니다.

③ **주민 소환제 시행**

의미	주민이 직접 선출한 의원이나 단체장이 직무를 잘 수행하지 못했을 때 주민들이 투표로 그들을 자리에서 물러나게 하는 제도
시행	우리나라는 2007년 5월부터 지방 의회 의원과 지방 자치 단체장을 대상으로 시행하고 있음.

❷ 일상생활과 민주주의

1. 정치

① **정치의 의미**: 사회생활을 하면서 사람들 사이의 의견 차이나 ❹[　　　]을 해결하는 활동을 말합니다.

② **생활 속 정치의 예시**: 집안일 정하기, 청소 당번 정하기 등

★ 3·15 부정 선거 방법

유권자들에게 돈이나 물건을 주면서 이승만을 포함한 자유당 후보에 투표하도록 했습니다.

부정 선거를 숨기려고 투표용지를 불태워 폐기했습니다.

★ 6·29 민주화 선언의 내용

대통령을 국민이 직접 뽑을 수 있어.

▲ 대통령 직선제

뉴스를 보고 국민도 정부가 하는 일의 잘잘못을 판단할 수 있게 해야 해.

▲ 언론의 자유 보장

우리 지역의 일은 우리가 더 잘 결정할 수 있어요.

▲ 지방 자치제 시행

2. 민주주의

의미	모든 국민이 나라의 주인으로서 권리를 갖고, 그 권리를 자유롭고 평등하게 행사하는 정치 제도
기본 정신	인간의 존엄성, **⑤**〔　　　〕, 평등
실천하는 태도	관용, 관심과 참여(실천), 비판적 태도, 양보와 타협

3. 민주적 의사 결정 원리

① **대화와 토론, 양보와 타협:** 문제가 발생했을 때 대화와 토론을 거쳐 양보와 타협으로 문제를 해결할 수 있습니다.

② **다수결의 원칙**

의미	다수의 의견이 소수의 의견보다 합리적일 것이라고 가정하고 **⑥**〔　　　〕의 의견을 채택하는 방법
좋은 점	사람들끼리 양보와 타협이 어려울 때 쉽고 빠르게 문제를 해결할 수 있음.
주의할 점	소수의 의견도 존중해야 함.

③ 민주 정치의 원리와 국가 기관의 역할

1. 국민 주권

① **국민 주권의 의미:** 국민이 한 나라의 주인으로서 나라의 중요한 일을 스스로 결정하는 **⑦**〔　　　〕를 말합니다.

② **국민 주권을 지키려는 우리나라 국민의 노력:** 4·19 혁명, 5·18 민주화 운동, 6월 민주 항쟁 등에서 찾아볼 수 있습니다.

2. 국회, 행정부, 법원에서 하는 일

국회	• 법을 만드는 일　　　　　• 행정부를 살펴보는 일 • 예산을 심의하여 확정하는 일
⑧〔　　〕	국회에서 만든 법에 따라 나라의 살림을 맡아 함.
법원	• 법에 따라 재판을 함. • 법원의 독립, 재판 공개, 3심 제도를 통해 공정한 재판으로 문제를 해결함.

3. 삼권 분립

의미	국가 권력을 국회, 행정부, 법원이 나누어 맡는 것
하는 까닭	한 기관이 국가의 중요한 일을 마음대로 처리할 수 없도록 서로 견제하고 균형을 이루게 하여 국민의 자유와 권리를 지키기 위해서임.

▲ 선거로 대표 결정

가장 많은 표를 받은 학생이 당선되었습니다.

▲ 학급 회의로 안건 결정

우리 가족 대부분이 원하던 곳으로 여행을 가게 되었네요.

다수결의 원칙에 따라 여름 휴가는 부산으로 가겠습니다.

▲ 일상생활에서의 의사 결정

★ 삼권 분립

국회

행정부　　법원

1 ➕ 11종 공통

4·19 혁명의 전개 과정으로 알맞지 <u>않은</u> 것은 어느 것입니까? (   )

① 각계각층의 시민이 참여하였다.
② 부정 선거에 대한 항의로 시작되었다.
③ 정부의 통제 아래 평화적으로 진행되었다.
④ 마산 시위에 참여했다가 실종된 고등학생 김주열이 죽은 채 발견되었다.
⑤ 1960년 4월 19일에 시민과 학생들은 민주주의를 바로 세우고자 거리로 나섰다.

2 서술형 ➕ 11종 공통

다음 글의 밑줄 친 부분에 들어갈 알맞은 내용을 쓰시오.

> 1979년에 독재 정치를 반대하는 대규모 시위가 일어난 상황에서 박정희는 부하에게 살해되었습니다. 이후 시민들은 _____ 것이라고 기대했습니다.

_____

_____

3 ➕ 11종 공통

전두환 정부 시기에 대한 설명으로 옳은 것은 어느 것입니까? (   )

① 언론을 통제하였다.
② 국민들의 알 권리를 보장하였다.
③ 학생들이 정치에 관심이 없었다.
④ 정치학 박사들로 정부가 구성되었다.
⑤ 민주화 운동이 확산되도록 지지하였다.

4 ➕ 11종 공통

다음과 같은 주장을 하며 전개된 민주화 운동은 무엇입니까? (   )

① 4·19 혁명   ② 12·12 사태
③ 6월 민주 항쟁   ④ 5·16 군사 정변
⑤ 5·18 민주화 운동

5 ➕ 11종 공통

6월 민주 항쟁 이후 실시된 제도를 보기 에서 모두 골라 기호를 쓰시오.

> 보기
> ㉠ 유신 헌법   ㉡ 지방 자치제
> ㉢ 대통령 직선제   ㉣ 대통령 간선제

(   )

6 ⊕ 11종 공통

다음 그림에서 볼 수 있는 생활 속 정치의 예시는 무엇입니까? (   )

① 가족 여행 장소를 결정한다.
② 친구들과 함께 숙제를 한다.
③ 학급 회의에서 우리 반 규칙을 정한다.
④ 전교 학생 회장을 뽑는 선거에 참여한다.
⑤ 환경 보호를 위해 시민 단체에서 활동한다.

8 ⊕ 11종 공통

다음에서 나타난 민주 선거의 기본 원칙은 무엇입니까? (   )

① 공개 선거   ② 보통 선거
③ 비밀 선거   ④ 직접 선거
⑤ 평등 선거

9 ⊕ 11종 공통

다음에서 설명하는 태도는 무엇입니까? (   )

> 문제와 갈등을 해결하려면 대화와 토론을 바탕으로 나와 다른 의견을 인정하고 포용하는 태도가 필요합니다.

① 견제   ② 관용   ③ 무시
④ 차별   ⑤ 비판적 태도

7 서술형 ⊕ 11종 공통

민주주의의 의미는 무엇인지 쓰시오.

_____

_____

10 ⊕ 11종 공통

다음 (   ) 안에 들어갈 알맞은 말을 쓰시오.

> 학급에 문제가 발생하여 이를 해결하기 위해 학급 회의를 열었습니다. 이때 친구들과 의견을 모아 결정한 일은 잘 따르고 (   )하는 것이 중요합니다.

(   )

11 ➕ 11종 공통

다음 대한민국 헌법의 ( ) 안에 공통으로 들어갈 알맞은 말을 쓰시오.

> 제1조 제2항
> 대한민국의 주권은 ( )에게 있고, 모든 권력은 ( )으로부터 나온다.

( )

12 서술형 ➕ 11종 공통

국회가 나라의 살림에 필요한 예산을 심의하여 확정하는 일을 하는 까닭은 무엇인지 쓰시오.

_____

_____

13 ➕ 11종 공통

다음에서 설명하는 국가 기관은 무엇인지 쓰시오.

> 법에 따라 나라의 살림을 맡아 하는 곳입니다. 대통령을 중심으로 국무총리와 여러 개의 부, 처, 청, 그리고 위원회로 구성되어 있습니다.

( )

14 ➕ 11종 공통

우리나라에서 다음과 같은 제도를 실시하고 있는 까닭은 무엇입니까? ( )

> 법원은 외부의 영향이나 간섭을 받지 않아야 하며, 법관은 개인적인 의견이 아니라 헌법과 법률에 따라 판결을 내려야 합니다.

① 공정한 재판을 위해서
② 재판을 줄이기 위해서
③ 법을 쉽게 바꾸기 위해서
④ 국민에게 꼭 필요한 법을 만들기 위해서
⑤ 나라의 여러 문제를 빠르게 해결하기 위해서

15 ➕ 11종 공통

다음과 같이 국회, 행정부, 법원이 국가의 일을 나누어 맡는 까닭을 보기 에서 모두 골라 기호를 쓰시오.

보기
㉠ 국민의 자유와 권리를 제한하기 위해서이다.
㉡ 국가 기관이 서로 견제하고 균형을 이루게 하기 위해서이다.
㉢ 국민의 뜻에 따라 국가의 중요한 결정을 할 수 있도록 하기 위해서이다.
㉣ 한 기관이 국가의 중요한 일을 마음대로 처리할 수 있도록 하기 위해서이다.

( )

1 ➕ 11종 공통

다음 친구들이 설명하는 사건은 무엇인지 쓰시오.

이승만 정부가 불법적인 방법으로 선거에서 이긴 사건이야.

유권자들에게 돈이나 물건을 주면서 이승만 정부에게 투표하도록 했어.

조작된 투표용지를 넣어 투표함을 바꾸는 등의 부정을 저질렀어.

( )

2 ➕ 11종 공통

4·19 혁명의 결과로 옳지 <u>않은</u> 것은 어느 것입니까? ( )

① 3·15 선거 결과가 인정되었다.
② 이승만이 대통령 자리에서 물러났다.
③ 절차를 무시하고 들어선 정권이 무너졌다.
④ 민주주의에 대한 국민들의 관심이 높아졌다.
⑤ 시민들이 질서를 지키면서 혼란을 바로 잡으려고 하였다.

3 ➕ 11종 공통

다음에서 설명하는 사건으로 알맞은 것은 어느 것입니까? ( )

> 전두환이 정변을 일으킨 후 전라남도 광주에서 대규모 민주화 시위가 일어나자 전두환은 시위를 진압할 계엄군을 광주에 보냈습니다. 이들은 폭력적으로 시위를 진압했고, 분노한 시민들이 시민군을 만들어 군인들에게 대항했습니다.

① 4·19 혁명
② 3·15 부정 선거
③ 5·16 군사 정변
④ 5·18 민주화 운동
⑤ 6·29 민주화 선언

4 ➕ 11종 공통

6·29 민주화 선언에 담긴 내용으로 알맞지 <u>않은</u> 것은 어느 것입니까? ( )

① 지역감정을 없애요.

② 언론의 자유를 보장하지 않아.

③ 지방 자치제를 실시해요.

④ 대통령을 국민이 직접 뽑을 수 있어.

5 ➕ 11종 공통

다음에서 설명하는 제도는 무엇인지 쓰시오.

> 일정한 지역의 주민과 이들로부터 선출된 지방 의회 의원과 지방 자치 단체장이 해당 지역의 일을 스스로 처리하는 제도입니다. 1990년대에 지방 의회 의원 선거와 함께 지방 자치 단체장 선거가 치러지면서 완전하게 자리 잡게 되었습니다.

( )

6 서술형   아이스크림, 천재교육 외

다음 밑줄 친 부분에 들어갈 내용으로, 오늘날의 정치 참여 모습을 쓰시오.

옛날과 오늘날의 정치 참여	
옛날	왕이나 신분이 높은 사람들만 국가의 일을 의논하고 결정할 수 있었음.
오늘날	_____

_____

_____

7 ➕ 11종 공통

다음에서 설명하는 것은 무엇인지 쓰시오.

> 모든 국민이 나라의 주인으로서 권리를 갖고, 그 권리를 자유롭고 평등하게 행사하는 정치 제도를 말합니다.

(   )

8 ➕ 11종 공통

다음 그림과 관련 있는 민주 선거의 기본 원칙은 어느 것입니까? (   )

① 공개 선거   ② 보통 선거
③ 비밀 선거   ④ 직접 선거
⑤ 평등 선거

9 ➕ 11종 공통

다음 (   ) 안에 들어갈 말로 알맞지 <u>않은</u> 것은 어느 것입니까? (   )

> 일상생활에서 부딪히는 다양한 문제와 갈등을 해결하려면 대화와 토론을 바탕으로 (   )이/가 필요합니다.

① 관용적 태도   ② 비판적 태도
③ 무시하는 태도   ④ 양보하는 자세
⑤ 타협하는 자세

10 서술형   ➕ 11종 공통

다음과 같이 다수결의 원칙을 사용하여 문제를 해결하면 좋은 점은 무엇인지 쓰시오.

▲ 일상생활에서의 의사 결정   ▲ 학급 회의로 안건 결정

_____

_____

11 ➕ 11종 공통

우리나라의 정치 발전 과정에서 국민 주권을 지키려는 국민의 노력으로 알맞은 것을 보기 에서 모두 골라 기호를 쓰시오.

보기 ●
⊙ 4·19 혁명   ⓒ 6월 민주 항쟁
ⓒ 5·16 군사 정변   ② 5·18 민주화 운동

( )

12 ➕ 11종 공통

다음 중 국회에 대해 잘못 설명한 친구를 골라 이름을 쓰시오.

국민의 대표인 국회 의원으로 구성돼.
▲ 해인

나라의 중요한 일을 의논하고 결정하는 곳이야.
▲ 범규

법에 따라 사건의 옳고 그름을 판단하는 곳이야.
▲ 태현

공무원에게 나랏일에 대해 질문하고, 잘못한 일을 바로잡도록 요구해.
▲ 민지

( )

13 ➕ 11종 공통

행정부에 대한 설명으로 알맞지 <u>않은</u> 것은 어느 것입니까? ( )

① 최고 책임자는 대통령이다.
② 법에 따라 나라의 살림을 맡아 하는 곳이다.
③ 국민의 안전과 행복을 위해 여러 가지 일을 한다.
④ 대통령을 중심으로 국무 총리와 여러 행정 부서 등으로 구성된다.
⑤ 계획된 예산안을 살펴보고, 이미 사용한 예산이 잘 쓰였는지를 검토한다.

14 미래엔, 비상교육 외

헌법 재판소에서 하는 일로 알맞지 <u>않은</u> 것은 어느 것입니까? ( )

① 법을 고치거나 없앤다.
② 헌법과 관련된 다툼을 해결한다.
③ 법률이 헌법에 어긋나지 않는지 판단한다.
④ 국가 기관이 국민의 기본권을 침해했는지 판단한다.
⑤ 지위가 높은 공무원이 큰 잘못을 저질러 국회에서 파면을 요구하면 이를 심판한다.

15 서술형 ➕ 11종 공통

민주주의 사회에서 삼권 분립을 하는 까닭은 무엇인지 쓰시오.

_____

_____

1. 우리나라의 정치 발전

● 정답과 풀이 10쪽

평가 주제	민주주의의 발전 과정 알아보기
평가 목표	4·19 혁명의 전개 과정과 의의에 대하여 설명할 수 있다.

[1-3] 다음 사진을 보고, 물음에 답하시오.

▲ 3·15 부정 선거를 앞두고 이승만 정부의 부정 부패에 대항해 대구에서 학생 시위가 일어났습니다.

▲ 마산에서 3·15 부정 선거를 비판하는 시위가 일어났습니다.

▲ 4월 19일에 시민들의 시위는 전국적으로 더욱 확산되었습니다.

▲ 대학 교수들은 정부에 항의하며 시위에 동참했습니다.

1 위와 같은 과정으로 일어난 사건은 무엇인지 쓰시오.

(   )

도움 3·15 부정 선거로 짓밟힌 민주주의를 바로 세우고자 거리로 나선 사건입니다.

2 위 사건의 결과로 일어난 일을 두 가지 쓰시오.

_____

_____

도움 이 사건은 학생들과 시민들을 중심으로 독재 정권을 무너뜨린 최초의 민주화 운동이었습니다.

3 위 사건의 의의는 무엇인지 쓰시오.

_____

_____

도움 시민들이 위험을 무릅쓰고 시위에 참여한 까닭은 무엇인지 생각해 봅니다.

| **평가 주제** | 선거의 의미와 민주 선거의 기본 원칙 이해하기 |
| **평가 목표** | 민주 선거의 기본 원칙과 그 의미를 설명할 수 있다. |

[1-3] 다음 표를 보고, 물음에 답하시오.

구분	선거	
사례	학급 임원 선거, 전교 어린이 회장 선거, 대통령 선거, 국회 의원 선거, 시장 선거, 구청장 선거 등	
기본 원칙	보통 선거	선거일을 기준으로 만 18세 이상이면 원칙적으로 누구에게나 투표권을 줌.
	(㉠)	재산, 성별, 교육 수준 등에 관계없이 누구나 한 표씩만 행사할 수 있음.
	직접 선거	투표는 자신이 직접 해야 함.
	비밀 선거	(㉡)

1 위 표의 ㉠에 들어갈 민주 선거의 기본 원칙은 무엇인지 쓰시오.

( )

> **도움** 선거는 국민이 자신들을 대표할 사람들을 직접 뽑는 것입니다.

2 위 표의 ㉡에 들어갈 비밀 선거의 의미는 무엇인지 쓰시오.

_____

_____

> **도움** 민주주의 사회에서는 공정한 선거를 위해서 원칙에 따라 투표가 이루어집니다.

3 선거를 하는 이유가 무엇인지 한 가지만 쓰시오.

_____

_____

> **도움** 국민을 대표할 사람을 뽑는 사람이 국민이고, 그들을 뽑는 방법이 선거입니다.

평가 주제	권력 분립의 필요성 이해하기
평가 목표	국가 기관의 역할과 삼권 분립의 필요성을 설명할 수 있다.

[1-3] 다음 자료를 보고, 물음에 답하시오.

국회

국가를 다스리는 법을 만든다.

㉠

행정부

(㉡)

법원

법에 따라 재판을 한다.

1 위 ㉠에 들어갈 말로, 국가 권력을 세 개의 기관이 나누어 맡는 것을 무엇이라고 하는지 쓰시오.

( )

도움 민주 정치의 원리 중 하나입니다.

2 위 자료의 ㉡에 들어갈 행정부가 하는 일은 무엇인지 쓰시오.

_____

_____

도움 국회에서 만든 법에 따라 다양한 정책을 만들고 시행하는 국가 기관을 행정부 또는 정부라고 합니다.

3 위와 같이 국회, 행정부, 법원이 국가 권력을 나누어 맡는 까닭은 무엇인지 쓰시오.

_____

_____

도움 권력 분립은 국가 기관이 권력을 나누어 가지고 서로 감시하는 민주 정치의 원리입니다.

우리나라의 경제 발전

1 우리나라 경제 체제의 특징

2 우리나라의 경제 성장

3 세계 속의 우리나라 경제

▶ 단원별 학습 내용과 교과서별 해당 쪽수를 확인해 보세요.

[단원명이 다른 교과서]

1 단원: 미래엔(경제 주체의 역할과 우리나라 경제 체제의 특징), 비상교육(경제 주체의 역할과 우리나라 경제 체제의 특징), 아이스크림미디어(경제주체의 역할과 우리나라 경제체제의 특징), 천재교육(경제주체의 역할과 우리나라 경제체제)

2 단원: 미래엔(경제생활의 변화와 우리나라 경제의 성장), 아이스크림미디어(경제생활의 변화와 우리나라 경제의 성장), 지학사(우리나라의 경제 성장 과정), 천재교육(우리나라의 경제성장과 경제생활의 변화)

1 우리나라 경제 체제의 특징 (1)

1 가계의 경제적 역할 + → 경제활동에 참여하는 개인이나 집단을 경제 주체라고 해요. 경제 주체에는 가계, 기업, 정부가 있어요.

① **가계**: 가정 살림을 함께하는 생활 공동체를 말합니다.

② **가계가 하는 일**

- 기업에 노동력 등을 제공함으로써 생산 활동에 참여합니다.
- 생산 활동에 참여한 대가로 소득을 얻어 기업에서 생산한 물건이나 서비스를 구매합니다.

일을 해서 돈을 벌어요.

소득으로 필요한 물건을 사요.

▲ 가계의 경제적 활동

2 기업의 경제적 역할

① **기업**: 이윤을 얻기 위해 생활에 필요한 물건이나 서비스를 생산하여 판매하는 집단을 말합니다.

② **기업이 하는 일**

- 사람들의 생활에 필요한 물건이나 서비스를 만들어 판매합니다.
- 가계에 일자리를 제공합니다.
- 가계의 노동력을 사용한 대가로 임금을 줍니다.

③ **가계와 기업의 관계**: 가계와 기업은 시장에서 물건이나 서비스를 거래하고, 가계와 기업이 하는 일은 서로에게 도움이 됩니다. 자료 1

3 가계의 합리적 선택 알아보기 자료 2

① **가계의 합리적 선택**: 소득의 범위 안에서 가장 적은 비용으로 가장 큰 만족을 얻도록 선택하는 것입니다. → 가계의 합리적 선택에서 가장 중요한 것은 만족감을 높이는 것이에요.

② **가계의 합리적 선택이 필요한 까닭**

- 가계의 소득이 한정되어 있기 때문에 합리적 선택이 필요합니다.
- 합리적 선택을 하지 않으면 같은 비용을 들이고도 만족감이 떨어질 수 있습니다.

③ **가계의 합리적 선택 과정**

1 어떤 물건을 먼저 살지 우선순위를 정합니다.	→	2 상품을 선택할 때 고려해야 할 기준을 세웁니다. +
→ 3 선택 기준에 따라 여러 상품을 비교·평가합니다.	→	4 가장 적은 비용으로 가장 큰 만족을 얻도록 선택합니다.

+ **가계와 기업**

기업
가계

물건을 사는 사람은 가계, 물건을 파는 사람은 기업입니다.

+ **합리적 선택을 할 때 고려할 기준**

- 가격, 디자인, 품질 등 사람마다 다릅니다.
- 품질, 디자인 등을 고려하여 가격이 비싸더라도 우수한 상품을 선택하는 경우도 있습니다.
- 최근에는 인권 존중이나 환경 보호와 같은 윤리적 측면을 고려하여 상품을 소비하는 경우도 늘고 있습니다.

용어 사전

- **노동력** 생산품을 만드는 데에 쓰이는 사람의 정신적·육체적인 모든 능력.
- **생산 활동** 어떠한 물건을 만드는 데 필요한 활동.
- **이윤** 물건이나 서비스를 생산·판매해 얻게 되는 순수한 이익.
- **대가** 일을 하고 그에 대한 값으로 받는 돈이나 물건.
- **비용** 어떤 일을 하는 데 드는 돈.

자료 1 가계와 기업의 관계

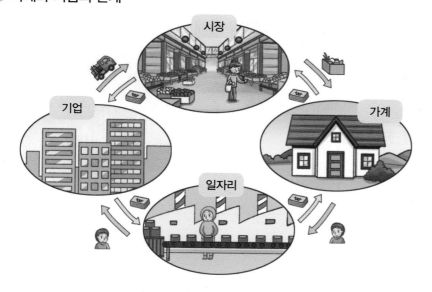

▶ 가계는 노동력을 기업에 제공하여 그 대가로 소득을 얻고, 기업은 물건이나 서비스를 생산하여 시장에 공급합니다. 가계는 시장에서 물건이나 서비스를 구매하고, 기업은 이를 통해 이윤을 얻습니다.

자료 2 합리적 선택하기 예 노트북

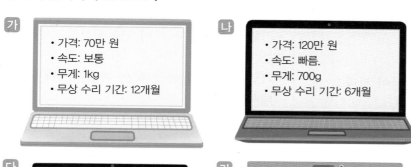

순위	선택 기준	가	나	다	라
1	가격	가장 저렴함.	비쌈.	저렴함.	보통임.
2	무상 수리 기간	긺.	보통임.	짧음.	보통임.
3	성능(속도)	보통임.	빠름.	느림.	보통임.

▶ 가장 싸면서 무상 수리 기간이 긴 가 노트북을 최종 선택하는 것이 합리적인 선택입니다.

● 정답과 풀이 11쪽

1
(   )은/는 기업의 생산 활동에 참여하여 소득을 얻습니다.

2
가계는 기업에 물건이나 서비스를 판매합니다.
(○ , ×)

3
(가계 , 기업)은/는 사람들에게 일자리를 제공합니다.

4
기업은 사람들이 생활하는 데 필요한 물건을 만들어 판매하거나 서비스를 제공해 (   )을/를 얻습니다.

5
가계의 (   ) 선택은 가장 적은 비용으로 큰 만족을 얻는 것입니다.

1 우리나라 경제 체제의 특징 (1)

[1-2] 다음 보기 를 보고, 물음에 답하시오.

보기 ●
⊙ 정부　　　ⓛ 가계　　　ⓒ 기업

1 ⊕ 11종 공통

위 보기 에서 가정 살림을 함께하는 생활 공동체를 골라 기호를 쓰시오.

(　　　　　　　)

2 ⊕ 11종 공통

위 보기 에서 다음과 같은 일을 하는 경제활동의 주체를 골라 기호를 쓰시오.

• 사람들에게 일자리를 제공합니다.
• 사람들이 생활하는 데 필요한 물건을 만들어 판매하거나 서비스를 제공해 이윤을 얻습니다.

(　　　　　　　)

3 ⊕ 11종 공통

다음 (　　) 안에 들어갈 알맞은 말을 쓰시오.

가계는 기업에 노동력 등을 제공함으로써 생산 활동에 참여하는 대가로 (　　　)을/를 얻습니다.

(　　　　　　　)

4 서술형 ⊕ 11종 공통

다음 그림을 통해 알 수 있는 가계가 하는 일을 쓰시오.

_____

_____

5 ⊕ 11종 공통

다음에서 설명하는 것은 무엇인지 쓰시오.

• 기업이 물건이나 서비스를 생산하고 판매하여 얻는 것입니다.
• 기업이 생산 활동을 하는 까닭은 이것을 얻기 위해서입니다.

(　　　　　　　)

6 ⊕ 11종 공통

기업이 하는 일이 <u>아닌</u> 것은 어느 것입니까?

(　　　)

① 물건을 생산해 판매한다.
② 사람들에게 일자리를 제공한다.
③ 서비스를 제공해 이윤을 얻는다.
④ 생활에 필요한 물건을 구입한다.
⑤ 상품을 많이 팔기 위해 광고를 한다.

[7-8] 다음 자료를 보고, 물음에 답하시오.

7 미래엔, 천재교육 외

위 자료의 ㉠, ㉡에 들어갈 경제활동의 주체를 각각 쓰시오.

㉠ (   ), ㉡ (   )

8 ➕ 11종 공통

위 자료를 통해 알 수 있는 가계와 기업의 관계에 대한 설명으로 알맞은 것은 어느 것입니까? (   )

① 가계는 기업에게 일자리를 제공한다.
② 기업은 가계의 생산 활동에 참여한다.
③ 가계와 기업은 서로 거래하지 않는다.
④ 가계와 기업이 하는 일은 서로에게 도움이 된다.
⑤ 기업은 가계가 소득을 얻는 데 도움이 되지 않는다.

9 ➕ 11종 공통

다음 (   ) 안에 들어갈 알맞은 말에 ○표 하시오.

> 합리적 선택이란 가장 (적은 , 많은) 비용으로 가장 (큰 , 작은) 만족을 얻도록 선택을 하는 것입니다.

10 서술형 ➕ 11종 공통

가계의 합리적 선택이 필요한 까닭을 한가지만 쓰시오.

_____

_____

2 단원

11 ➕ 11종 공통

합리적 선택을 알맞게 한 친구를 모두 골라 이름을 쓰시오.

> • 유나: 무조건 가장 비싼 물건을 선택했어.
> • 예훈: 어떤 물건을 먼저 살지 우선순위를 정해서 샀어.
> • 정민: 선택 기준에 따라 여러 물건을 비교하여 가장 좋은 물건을 샀어.

(   )

12 동아출판, 비상교육 외

다음과 같은 선택 기준을 가진 친구가 합리적 선택을 하기 위해 구매할 노트북으로 가장 알맞은 것은 어느 것입니까? (   )

> 지민: 재미있는 게임을 하기 위해서는 속도가 빠른 것이 가장 중요해.

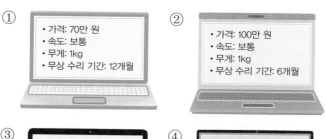

① • 가격: 70만 원
• 속도: 보통
• 무게: 1kg
• 무상 수리 기간: 12개월

② • 가격: 100만 원
• 속도: 보통
• 무게: 1kg
• 무상 수리 기간: 6개월

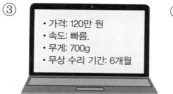

③ • 가격: 120만 원
• 속도: 빠름.
• 무게: 700g
• 무상 수리 기간: 6개월

④ • 가격: 80만 원
• 속도: 느림.
• 무게: 700g
• 무상 수리 기간: 3개월

1 기업의 합리적 선택 알아보기

① **기업의 합리적 선택**: 가장 적은 비용으로 가장 많은 이윤을 얻는 것입니다.

② **기업의 합리적 선택이 필요한 까닭**: 사람들이 원하는 것을 기업이 모두 생산할 수는 없기 때문입니다.

③ **합리적 선택을 할 때 고려할 점** ➕ 자료1

• 어떤 물건을 생산할지 고민합니다.

| 어떤 상품을 만들까? | 상품의 색깔과 모양은 어떻게 할까? | 어떤 재료로 상품을 만들까? |

• 물건을 얼마나, 어떻게 생산할지 결정합니다.

| 상품을 생산하는 데 돈과 노력이 얼마나 필요할까? | 상품을 생산하는 데 드는 비용을 줄이는 방법은 무엇일까? | 생산량을 늘려야 할까, 줄여야 할까? |

• 소비자에게 물건을 많이 판매할 수 있는 방법을 생각합니다.

| 상품을 어떻게 홍보 하면 좋을까? | 어떤 매체를 이용하 여 광고를 할까? | 소비자들이 원하는 홍 보 방법은 무엇일까? |

④ **기업의 합리적 선택이 중요한 까닭**: 기업이 합리적 선택을 하지 않으면 이윤을 많이 남기지 못하고, 다른 기업과의 경쟁에서 뒤쳐질 수 있습니다.

2 가계와 기업이 만나는 시장

① **시장**: 가계와 기업이 만나 자유롭게 물건이나 서비스를 사고팔며 경제활동을 하는 공간입니다. → 가계와 기업은 시장에서 만나 다양한 정보를 교환해요.

② **시장에서의 가계와 기업의 활동**

| 가계 | 필요한 물건을 더 싸게 사려고 노력함. |
| 기업 | 더 많은 이윤을 얻으려고 소비자의 욕구를 반영해 다양한 물건을 만들어 제공함. |

③ **다양한 시장의 종류** 자료2

• 물건을 사고파는 시장

| 전통 시장, 대형 할인점 | • 일정한 장소가 있는 시장으로 직접 가서 원하는 물건을 보고 구 입할 수 있음.
• 여러 기업에서 생산한 물건을 직접 보고 비교해서 살 수 있음. |
| 인터넷 쇼핑, 홈 쇼핑 | • 직접 시장에 갈 필요 없이 인터넷 등을 이용하여 물건을 살 수 있음.
• 언제 어디에서든지 물건을 살 수 있어서 편리하지만 물건이 광 고 내용과 다를 수 있음. |

• 물건 이외에 다른 것을 거래하는 시장: 주식 시장, 부동산 시장, 일자리 시장, 외환 시장 등 ➕

└─ 여러 나라의 돈을 사고파는 시장이에요.

➕ **합리적 선택을 위한 기업의 다양한 노력**

• 새로운 물건과 서비스를 계속해서 개발 합니다.
• 제품의 품질을 높이기 위해 꾸준히 노 력합니다.
• 상품을 보다 많은 소비자에게 알리려고 열심히 홍보합니다.

➕ **물건이 아닌 것을 사고파는 시장**

▲ 주식 거래가 이루어지는 주식 시장

▲ 집이나 땅을 사고파는 부동산 시장

▲ 사람의 노동력을 사고파는 일자리 시장

용어 사전

● **매체** 정보나 생각 등을 사람들에게 전달하는 수단.
● **경제활동** 사람들이 살아가는 데 필 요한 것을 생산하고 분배하며 소비하는 모든 활동.
● **주식** 주식회사가 사업에 필요한 돈을 마련하려고 투자하는 사람에게 돈을 받고 발행하는 것.

자료 1 기업의 합리적 선택 과정 예 자전거 회사

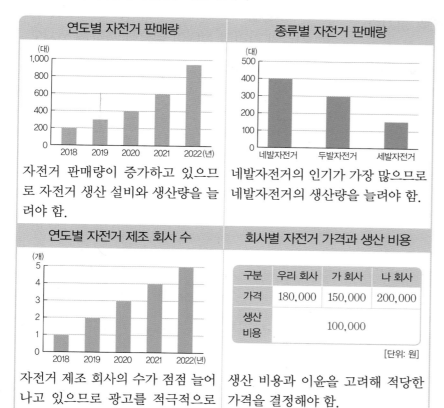

자전거 판매량이 증가하고 있으므로 자전거 생산 설비와 생산량을 늘려야 함.

네발자전거의 인기가 가장 많으므로 네발자전거의 생산량을 늘려야 함.

자전거 제조 회사의 수가 점점 늘어나고 있으므로 광고를 적극적으로 해야 함.

구분	우리 회사	가 회사	나 회사
가격	180,000	150,000	200,000
생산 비용		100,000	

[단위: 원]

생산 비용과 이윤을 고려해 적당한 가격을 결정해야 함.

▶ 기업의 생산 활동과 관련된 다양한 자료를 분석하여 많은 이윤을 남길 수 있는 합리적 선택을 합니다.

자료 2 다양한 시장의 모습

전통 시장 / 대형 할인점 / 인터넷 쇼핑 / 홈 쇼핑

▶ 가계와 기업은 다양한 형태의 시장에서 만나고 있습니다.

● 정답과 풀이 12쪽

1
기업은 적은 비용으로 많은 ( )을/를 얻을 수 있도록 합리적 선택을 합니다.

2
기업은 (소비자 , 생산자)에게 상품을 많이 판매할 수 있는 방법을 생각합니다.

3
기업이 합리적 선택을 하지 않으면 다른 기업과의 경쟁에서 뒤처질 수 있습니다.
(○ , ×)

4
( )은/는 물건이나 서비스를 사고팔며 경제활동을 하는 공간입니다.

5
(전통 시장 , 홈 쇼핑)은 물건을 직접 보고 비교하며 살 수 있는 시장입니다.

1 우리나라 경제 체제의 특징 (2)

1 ✚ 11종 공통

다음 ( ) 안에 들어갈 알맞은 말에 ○표 하시오.

> 기업은 (최소한 , 최대한)의 비용으로 가장 (많은 , 적은) 이윤을 얻기 위해 합리적 선택을 합니다.

2 ✚ 11종 공통

기업의 합리적 선택을 위한 질문으로 옳지 <u>않은</u> 것은 무엇입니까? ( )

① 상품을 어떻게 홍보하면 좋을까?
② 어떤 상품을 만들어야 잘 팔릴까?
③ 상품의 모양은 어떻게 디자인할까?
④ 환경을 보호하려면 무엇을 사야 할까?
⑤ 상품을 만드는 데 얼마만큼의 돈이 들까?

3 ✚ 11종 공통

떡볶이를 만드는 회사에서 합리적 선택을 위해 고려할 사항을 보기 에서 모두 골라 기호를 쓰시오.

> **보기** ●
> ㉠ 소비자들이 원하는 떡볶이는 어떤 맛일까?
> ㉡ 어떤 재료를 이용해서 떡볶이를 만들어야 할까?
> ㉢ 어떻게 해야 떡볶이를 팔아서 이윤을 가장 적게 남길 수 있을까?

( )

4  서술형 ✚ 11종 공통

기업의 합리적 선택이 필요한 까닭을 쓰시오.

_____

_____

[5-6] 다음 자료를 보고, 물음에 답하시오.

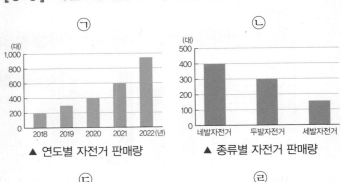

㉠
▲ 연도별 자전거 판매량

㉡
▲ 종류별 자전거 판매량

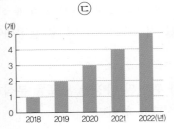

㉢
▲ 연도별 자전거 제조 회사 수

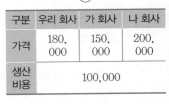

㉣

구분	우리 회사	가 회사	나 회사
가격	180,000	150,000	200,000
생산 비용	100,000		

[단위: 원]

▲ 회사별 자전거 가격과 생산 비용

5 비상교과서, 아이스크림 외

어떤 종류의 자전거가 잘 팔리는지 알 수 있는 자료를 골라 기호를 쓰시오.

( )

6 비상교과서, 아이스크림 외

위 자료를 분석하여 자전거를 만드는 회사가 해야 할 일로 알맞은 것은 어느 것입니까? ( )

① 세발자전거의 생산을 늘린다.
② 생산 비용보다 싸게 자전거를 판다.
③ 자전거를 만드는 회사끼리 가격을 정한다.
④ 제조 회사 수가 증가하고 있으니 광고를 한다.
⑤ 자전거의 판매가 줄어들고 있으니 자전거 생산을 중단한다.

7 ➕ 11종 공통

합리적인 선택을 하기 위해 노력하는 기업이 <u>아닌</u> 것을 보기 에서 골라 기호를 쓰시오.

> **보기**
> ㉠ 소비자가 원하는 물건을 생산하는 A사
> ㉡ 새로운 물건과 서비스를 계속 개발하는 B사
> ㉢ 제품의 품질을 높이려고 꾸준히 노력하는 C사
> ㉣ 품질이 나쁜 물건의 가격을 올려서 더 많은 이윤을 얻으려는 D사

( )

8 미래엔, 천재교육 외

다음에서 설명하는 것은 무엇인지 쓰시오.

> • 물건이나 서비스를 사고파는 곳입니다.
> • 가계와 기업이 만나 경제활동을 하는 곳입니다.

( )

9 금성출판사, 비상교과서 외

시장에서 다음과 같은 활동을 하는 경제 주체를 보기 에서 골라 기호를 쓰시오.

> **보기**
> ㉠ 가계   ㉡ 기업

(1) 필요한 물건을 더 싸게 사려고 노력합니다.

( )

(2) 더 많은 이윤을 얻으려고 소비자의 욕구를 반영해 다양한 물건을 만듭니다.

( )

10 비상교과서, 천재교과서 외

오른쪽 시장에 대한 설명으로 알맞지 <u>않은</u> 것은 어느 것입니까? ( )

▲ 전통 시장

① 물건을 직접 보고 살 수 있다.
② 오늘날 새롭게 나타난 시장이다.
③ 기업은 생산한 물건을 시장에 제공한다.
④ 여러 물건의 가격을 비교하며 살 수 있다.
⑤ 물건을 사기 위해서는 직접 시장에 가야 한다.

11 서술형 비상교과서, 지학사 외

다음과 같은 시장을 이용했을 때의 좋은 점을 쓰시오.

▲ 홈 쇼핑

▲ 인터넷 쇼핑

_____

_____

12 미래엔, 비상교육 외

다음 설명과 관련된 시장은 무엇입니까? ( )

> 사람의 노동력을 사고파는 거래를 합니다.

① 주식 시장   ② 전통 시장
③ 일자리 시장   ④ 대형 할인점
⑤ 부동산 시장

1 우리나라 경제의 특징 자료1

① 경제활동의 자유

개인	• 자신의 능력과 적성에 따라 자유롭게 직업을 선택할 수 있음. • 소득을 자신의 결정에 따라 자유롭게 사용할 수 있음.
기업	• 무엇을 얼마나 생산하여 판매할지 자유롭게 결정할 수 있음. • 판매하여 얻은 이윤을 어떻게 사용할지 자유롭게 결정할 수 있음.

② 경제활동의 경쟁

개인	자신이 원하는 일자리를 얻으려고 다른 사람과 경쟁함. → 자신의 능력과 실력을 높이려고 노력함.
기업	더 많은 이윤을 얻으려고 다른 기업과 경쟁함. → 값싸고 품질이 좋은 물건을 만들고 그 물건을 홍보하고자 노력함.

③ 자유롭게 경쟁하는 경제활동의 좋은 점 → 개인과 기업의 자유로운 경쟁은 국가 전체의 경제 발전에 도움을 주어요.

개인은 자신의 재능과 능력을 더 잘 발휘할 수 있음.

소비자는 원하는 조건의 물건을 살 수 있음.

기업은 기술 개발을 통해 우수한 품질의 물건을 생산할 수 있음.

소비자는 더 좋은 서비스를 받을 수 있음.

2 바람직한 경제활동을 위한 노력

① **기업의 불공정한 행동으로 인한 피해**: 기업이 공정하지 않은 경제활동을 하면 소비자에게 피해를 줄 수 있습니다. ➕ 자료2

② **바람직한 경제활동을 이루기 위한 정부와 시민 단체의 노력**

정부	• 공정한 경제활동의 기준이 되는 법이나 제도를 만듦. • 여러 기업이 물건을 만들어 팔 수 있도록 지원함. • 허위·과장 광고를 하거나 기업끼리 가격을 상의하여 올릴 수 없도록 감시함. ➕
시민 단체	• 기업의 공정하지 않은 경제활동을 감시하고 정부에 해결을 요구함. • 소비자의 권리와 이익을 보호하기 위한 캠페인 등을 벌임.

➕ **기업의 불공정한 행동**

• 같은 상품을 생산하는 기업끼리 의논하여 가격을 마음대로 올립니다.
• 기업이 생산한 상품에 대하여 허위·과장 광고를 합니다.
• 몸에 좋지 않은 값싼 재료를 사용하여 물건을 만들거나 환경오염 물질을 몰래 배출합니다.

➕ **공정 거래 위원회**

• 우리나라는 공정하고 자유로운 경쟁을 보장하기 위해 공정 거래 위원회를 만들었습니다.
• 공정한 경쟁을 방해하는 행위를 처벌하고, 소비자에게 피해를 주는 행위를 감시합니다.

용어 사전

● **경쟁** 같은 목적에 대하여 이기거나 앞서려고 겨룸.
● **공정** 공평하고 올바름.
● **허위** 진실이 아닌 것을 진실인 것처럼 꾸민 것.
● **감시** 단속하기 위하여 주의 깊게 살핌.

자료 1 경제활동의 자유와 경쟁의 모습

▲ 직업 선택의 자유

▲ 소득을 자유롭게 사용할 자유

▲ 생산 활동의 자유

▲ 이윤을 자유롭게 사용할 자유

▲ 일자리를 얻기 위한 경쟁

▲ 이윤을 얻기 위한 경쟁

▶ 우리나라에서 개인과 기업은 자유로운 경제활동을 바탕으로 원하는 것을 얻기 위해 다른 사람 또는 다른 기업과 경쟁합니다.

자료 2 기업의 불공정한 행동으로 인한 피해 사례

문제 상황

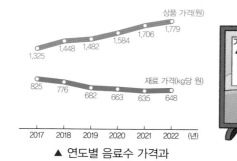

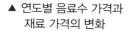

▲ 연도별 음료수 가격과 재료 가격의 변화

- 음료수 재료의 가격이 내렸는데도 음료수의 가격이 오르고 있음.
- 인기 있는 음료수를 만드는 세 회사가 약속하고 동시에 가격을 올렸음.

대책

- 합리적인 가격의 다른 회사의 음료수를 사 먹음.
- 음료수 가격을 기업끼리 상의하여 마음대로 올릴 수 없도록 감시함.
- 음료수 가격을 올리는 것에 반대하는 의견을 회사 누리집에 올림.

▶ 기업들은 자유롭게 경제활동을 할 수 있지만 공정하지 못한 행동을 하면 소비자에게 피해를 줄 수 있습니다.

1

개인은 자신의 능력과 적성에 따라 ( )롭게 직업을 선택할 수 있습니다.

2

기업은 상품을 생산하고 판매할 때 반드시 정부로부터 허락을 받아야 합니다.

(○ , ×)

3

개인은 자신이 원하는 일자리를 얻으려고 다른 사람과 ( ) 을/를 합니다.

4

(개인 , 기업)은 더 많은 이윤을 얻으려고 서로 경쟁합니다.

5

기업이 ( )하지 않은 행동을 하면 소비자에게 피해를 줄 수 있습니다.

1 우리나라 경제 체제의 특징 (3)

1 ➕ 11종 공통

다음 보기 에서 자유로운 경제활동의 모습을 모두 골라 기호를 쓰시오.

보기
㉠ 다른 사람이 직업을 결정해 줄 수 있다.
㉡ 소득을 자신의 결정에 따라 자유롭게 사용할 수 있다.
㉢ 기업은 어떤 상품을 생산할지 자유롭게 결정할 수 있다.
㉣ 상품을 판매하여 얻은 이윤을 어떻게 사용할지 정부에서 정해 준다.

( )

2 서술형 ➕ 11종 공통

다음 그림에 나타난 경제활동의 자유는 어떤 것인지 쓰시오.

_____

_____

3 ➕ 11종 공통

다음 그림을 통해 알 수 있는 우리나라 경제의 특징을 두 글자로 쓰시오.

( )

4 ➕ 11종 공통

개인이 경쟁하는 모습으로 알맞은 것을 보기 에서 모두 골라 기호를 쓰시오.

보기
㉠ 좋은 일자리를 얻으려고 경쟁한다.
㉡ 판매하는 상품을 널리 알리기 위해 노력한다.
㉢ 더 많은 이윤을 얻으려고 상품의 가격을 낮춘다.
㉣ 다른 사람과의 경쟁에서 앞서고자 능력을 개발한다.

( )

5 ➕ 11종 공통

우리나라 경제의 특징을 두 가지 고르시오.

(,)

① 개인과 기업은 이익을 얻으려고 경쟁한다.
② 기업은 나라에서 정해 준 물건만 팔아야 한다.
③ 개인은 나라에서 정해 준 직업만 가져야 한다.
④ 개인과 기업은 경제활동을 자유롭게 할 수 있다.
⑤ 나라에서 땅과 재산을 모든 사람에게 평등하게 나누어 준다.

6 ➕ 11종 공통

자유롭게 경쟁하는 경제활동이 우리 생활에 주는 도움으로 옳지 <u>않은</u> 것은 어느 것입니까? ( )

① 좋은 서비스를 받을 수 있다.
② 원하는 조건의 물건을 살 수 있다.
③ 더 우수한 품질의 물건을 사용할 수 있다.
④ 자신의 재능과 능력을 더 잘 발휘할 수 있다.
⑤ 물건 가격이 계속 올라 더 많은 소비를 할 수 있다.

[7-9] 다음 자료를 보고, 물음에 답하시오.

▲ 연도별 음료수 가격과 재료 가격의 변화

인기 있는 음료수를 만드는 회사가 세 곳뿐이라 세 회사에서 의논하여 마음대로 가격을 정했습니다.

7 비상교과서, 천재교과서 외

위 자료를 보고 ㉠, ㉡의 알맞은 말에 ◯표 하시오.

음료수의 재료 가격은 ㉠ (내렸지만 , 올랐지만), 상품 가격은 ㉡ (내렸습니다 , 올랐습니다).

8 비상교과서, 지학사 외

위와 같은 상황에서 음료수를 좀 더 합리적 가격에서 사 먹을 수 있는 방법으로 알맞지 <u>않은</u> 것은 어느 것입니까? (　　　)

① 정부에서 음료수를 직접 만든다.
② 음료수 회사 누리집에 의견을 올린다.
③ 음료수를 여러 회사에서 만들 수 있도록 한다.
④ 합리적인 가격의 다른 회사의 음료수를 사 먹는다.
⑤ 음료수 가격을 회사끼리 상의하여 마음대로 올릴 수 없도록 감시한다.

9 11종 공통

위 자료를 통해 알 수 있는 내용을 알맞게 이야기한 친구를 골라 이름을 쓰시오.

• 가영: 기업들의 자유로운 경제활동이 공정하지 못한 경우도 있구나.
• 재범: 물건을 만드는 회사의 수가 적으면 싼값에 물건을 구입할 수 있구나.

(　　　　　　　　)

10 ➕ 11종 공통

다음 보기 에서 불공정한 행동을 한 기업을 모두 골라 기호를 쓰시오.

보기 ●
㉠ 상품을 홍보하려고 허위·과장 광고를 했다.
㉡ 더 좋은 물건을 생산하기 위해 품질을 높였다.
㉢ 가격을 낮추기 위해 몸에 좋지 않은 값싼 재료로 물건을 만들었다.
㉣ 다양한 소비자의 욕구를 충족하기 위해 여러 가지 종류의 물건을 생산했다.

(　　　　　　　　)

11 ➕ 11종 공통

기업이 공정하지 못한 행동을 할 경우 소비자에게 끼치는 영향으로 알맞은 것은 어느 것입니까?

(　　　)

① 소비자가 피해를 받을 수 있다.
② 소비자가 큰 만족을 얻을 수 있다.
③ 소비자가 좋은 서비스를 받을 수 있다.
④ 소비자가 싼 가격에 물건을 살 수 있다.
⑤ 소비자가 원하는 물건을 모두 구할 수 있다.

12 서술형 ➕ 11종 공통

바람직한 경제활동을 이루기 위한 정부의 노력을 두 가지 쓰시오.

_____

_____

_____

2 우리나라의 경제 성장 (1)

1 1950년대 우리나라의 경제 상황 +

6·25 전쟁 직후의 상황	• 산업 시설이 파괴되었고 식량과 생필품이 매우 부족했음. • 국제 사회로부터 물자를 지원받고, 파괴된 시설을 복구하는 데 힘을 모았음.
1950년대 산업의 발전	• 농업 중심의 산업 구조를 공업 중심으로 변화시키려고 노력했음. • 값싼 원료로 생활에 필요한 식료품, 섬유 등을 만드는 소비재 산업이 발전하기 시작했음.

2 1960년대 경제 성장을 위한 노력

① 1960년대 경제 성장을 위한 정부의 노력

• 1960년대에 들어 정부는 경제 개발 5개년 계획을 추진하여 수출 중심의 경제 성장을 이루고자 했습니다.
  └ 1962년부터 5년 단위로 총 네 차례에 걸쳐 추진한 경제 개발 계획이에요.

• 제품을 수출하는 기업들의 세금을 내려 주고, 기업이 여러 나라에 다양한 제품들을 쉽게 수출할 수 있도록 지원했습니다.

• 정부는 기업이 제품을 생산하고 운반해 수출할 수 있도록 정유 시설, 발전소, 고속 국도, 항만 등을 건설했습니다.
  └ 1968년에 짓기 시작하여 1970년에 개통되었어요.

▲ 울산 정유 공장 건설

▲ 춘천 수력 발전소 공사

▲ 경부 고속 국도 개통

② 경공업의 발전: 당시 우리나라는 기술과 자본은 부족했지만 풍부한 노동력을 바탕으로 경공업이 발전했습니다. 자료1

3 1970년대 이후 경제 성장 모습 자료2 자료3

① 1970년대 중화학 공업의 발전 → 1970년대에 들어서면서 정부는 우리나라의 산업 구조를 경공업 중심에서 중화학 공업으로 바꾸려고 다양한 노력을 했어요.

정부의 노력	• 1973년에 중화학 공업 육성 계획을 발표했음. • 중화학 공업은 경공업보다 많은 자본이 필요하기 때문에 정부는 기업에 많은 돈을 낮은 이자로 빌려주었음. • 중화학 공업 단지를 조성하고, 높은 기술력을 갖출 수 있도록 교육 시설과 연구소를 만들어 지원했음. +
중화학 공업의 발전	• 철강 산업과 석유 화학 산업과 같이 다른 중화학 공업의 재료가 되는 산업이 빠르게 발전했음. • 대형 선박의 수출이 증가하여 조선 산업이 크게 발전했음.

② 1980년대 경제 성장의 특징: 자동차 산업, 전자 산업, 기계 산업 등이 크게 성장하여 자동차, 텔레비전, 정밀 기계 등을 주로 수출했습니다.

+ 1950년대 우리나라의 모습

▲ 6·25 전쟁으로 파괴된 서울

▲ 밀가루를 생산하는 근로자들

+ 1970년대 중화학 공업의 발전을 위한 정부의 노력

▲ 울산 석유 화학 단지 건설

▲ 한국 과학 기술 연구소 준공식

용어 사전

● **소비재 산업** 설탕, 밀가루 등의 식료품이나 옷 등과 같이 생활에 필요한 제품을 만드는 산업.

● **경공업** 식료품, 섬유, 종이 등 비교적 가벼운 물건을 만드는 산업.

● **중화학 공업** 철, 배, 자동차 등 무거운 제품이나 플라스틱, 고무 제품, 화학 섬유 제품을 생산하는 산업.

● **준공** 공사를 다 마침.

● **정답과 풀이** 14쪽

자료 1 **1960년대 경공업의 발전 모습**

▲ 의류 생산   ▲ 신발 생산   ▲ 가발 생산

▶ 1960년대 정부는 경공업을 성장시켜 신발, 가발, 섬유 등과 같은 제품을 수출했습니다.

1

1950년대에는 생활에 필요한 물품을 만드는 식료품 공업, 섬유 공업 등 (소비재 , 조선) 산업이 주로 발전했습니다.

자료 2 **1970~1980년대 발달한 중화학 공업**

1970년대	▲ 철강 산업	▲ 조선 산업
1980년대	▲ 전자 산업	▲ 자동차 산업

2

1962년에 정부는 수출 중심의 경제 성장을 이루고자 경제 개발 (   )개년 계획을 세웠습니다.

3

1960년대에 섬유, 신발, 가발 등과 같은 제품을 만드는 (   ) 이/가 발전했습니다.

자료 3 **1970~1980년대 우리나라의 경제 성장 모습 알아보기**

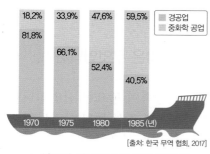
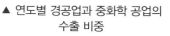

▲ 연도별 경공업과 중화학 공업의 수출 비중

[출처: 한국 무역 협회, 2017]

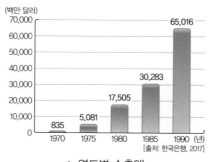

▲ 연도별 수출액

4

1973년에 정부는 국가 경제를 획기적으로 발전시키려고 경공업 육성 계획을 발표했습니다.

(○ , ×)

▶ 1980년대 이후 산업 구조가 경공업에서 중화학 공업 중심으로 바뀌면서 세계적으로 우수한 제품을 생산할 수 있게 되었습니다. 또한 수출액이 증가해 사람들의 생활 수준이 크게 향상되었습니다.

5

(1960 , 1980)년대에는 자동차 산업, 전자 산업이 크게 발전해 자동차, 텔레비전 등을 주로 수출했습니다.

2 우리나라의 경제 성장 (1)

1 ✚ 11종 공통

다음 ( ) 안에 들어갈 알맞은 전쟁을 쓰시오.

( )(으)로 우리나라는 산업 시설이 대부분 파괴되었고 국토 전체가 폐허로 변했습니다.

( )

2 미래엔, 천재교과서 외

우리나라에서 1950년대에 주로 발전한 산업을 두 가지 고르시오. (,)

① 섬유 공업　　　② 철강 산업
③ 전자 산업　　　④ 식료품 공업
⑤ 자동차 산업

3 서술형 ✚ 11종 공통

다음은 1960년대에 세워진 시설입니다. 이를 통해 알 수 있는 1960년대 경제 성장을 위한 정부의 노력을 쓰시오.

▲ 울산 정유 공장 건설

▲ 춘천 수력 발전소 공사

4 ✚ 11종 공통

1960년대에 우리나라에서 다음과 같은 산업이 발전할 수 있었던 까닭은 무엇입니까? ( )

▲ 의류 생산　　　▲ 신발 생산

① 개인용 컴퓨터의 보급이 확대되었기 때문
② 고도로 발전된 기술을 가지고 있었기 때문
③ 국제 사회에서 우리나라의 위상이 높았기 때문
④ 자원과 기술은 부족했지만 노동력은 풍부했기 때문
⑤ 우리 문화가 전 세계로 퍼지는 현상이 나타났기 때문

5 ✚ 11종 공통

다음에서 설명하는 산업의 종류를 보기 에서 골라 기호를 쓰시오.

보기
㉠ 경공업　　　　　㉡ 중화학 공업

(1) 식료품, 섬유, 종이 등 비교적 가벼운 물건을 만드는 산업

( )

(2) 철, 배, 자동차 등 무거운 제품이나 플라스틱, 고무 제품, 화학 섬유 제품을 생산하는 산업

( )

6 ✚ 11종 공통

다음에서 설명하는 산업은 무엇입니까? ( )

• 많은 돈과 높은 기술력이 필요한 산업입니다.
• 철강, 석유 화학, 기계, 조선 등의 산업이 속합니다.
• 1973년에 정부가 국가 경제를 발전시키려고 육성 계획을 발표했습니다.

① 경공업　　　　② 첨단 산업
③ 중화학 공업　　④ 서비스 산업
⑤ 반도체 산업

[7-8] 다음을 보고, 물음에 답하시오.

ⓖ

▲ 철강 산업

ⓛ

▲ 가발 공업

ⓒ

▲ 석유 화학 산업

ⓔ

▲ 로봇 산업

7 ➕ 11종 공통

위 ⓖ~ⓔ 중 1970년대부터 발달하기 시작한 중화학 공업을 모두 찾아 기호를 쓰시오.

( )

8 서술형 ➕ 11종 공통

1970년대에 **7**번 답과 같은 중화학 공업을 발전시키려고 정부에서 했던 노력을 한 가지만 쓰시오.

_____

_____

9 아이스크림, 천재교육 외

다음 ( ) 안에 들어갈 알맞은 산업을 쓰시오.

> 우리나라 기업은 1973년에 최초로 해외에서 주문을 받아 대형 선박을 만들었습니다. 이후 세계에서 기술력을 인정받아 ( )이/가 우리나라의 수출을 이끄는 산업으로 성장했습니다.

( )

10 ➕ 11종 공통

1980년대 크게 발전했던 산업을 보기 에서 모두 골라 기호를 쓰시오.

보기
ⓖ 기계 산업　　　ⓛ 전자 산업
ⓒ 섬유 공업　　　ⓔ 자동차 산업

( )

11 비상교육, 천재교육 외

다음 그래프에 대한 설명으로 알맞지 <u>않은</u> 것은 어느 것입니까? ( )

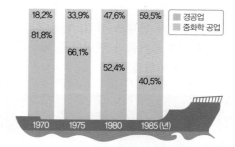

	경공업	중화학 공업
1970	18.2%	81.8%
1975	33.9%	66.1%
1980	47.6%	52.4%
1985	59.5%	40.5%

▲ 연도별 경공업과 중화학 공업 수출 비중

① 1970년대 이후 중화학 공업이 크게 발전했다.
② 1970년에는 경공업이 차지하는 비중이 매우 높았다.
③ 1980년에는 경공업과 중화학 공업의 비중이 비슷해졌다.
④ 산업 구조가 경공업에서 중화학 공업 중심으로 바뀌었다.
⑤ 1985년부터 중화학 공업보다 경공업이 차지하는 비중이 더 커졌다.

12 ➕ 11종 공통

우리나라의 산업 구조가 경공업에서 중화학 공업 중심으로 바뀌면서 나타난 모습을 보기 에서 모두 골라 기호를 쓰시오.

보기
ⓖ 수출액이 크게 증가했다.
ⓛ 국민 소득이 빠르게 줄어들었다.
ⓒ 사람들의 생활 수준이 크게 향상되었다.
ⓔ 세계적으로 우수한 제품을 생산할 수 있게 되었다.

( )

2 우리나라의 경제 성장 (2)

1 1990년대 이후 경제 성장 모습

① 1990년대에 발달한 산업

반도체 산업	• 컴퓨터와 가전제품의 생산이 늘어나면서 핵심 부품인 반도체의 중요성이 커짐. • 1990년대에 세계적인 수준의 반도체를 개발하고 생산할 수 있게 되었음. → 1992년에는 우리나라 기업이 시장 점유율 세계 1위를 차지했어요.
정보 통신 산업	• 1990년대 후반부터 정부와 기업은 정보화 사회의 경제 발전을 위해 전국에 초고속 정보 통신망을 만들었음. • 인터넷 관련 기업들이 생겨났고, 정보 통신 기술 관련 산업들도 함께 발전했음.

② 2000년대 이후 발달한 산업

첨단 산업	로봇 산업, 우주 항공 산업, 신소재 산업, 생명 공학 산업 등 높은 기술력을 요구하는 첨단 산업이 발달하였음.
서비스 산업	문화 콘텐츠 산업, 금융 산업, 의료 산업, 관광 산업 등 사람들에게 즐거움과 편리함을 제공하는 다양한 서비스 산업이 빠르게 발달하였음.

▲ 반도체 산업

▲ 로봇 산업

▲ 문화 콘텐츠 산업

2 경제 성장에 따른 사회 변화

① **우리나라의 경제 성장** : 우리나라는 경제 성장으로 국제 사회에서 위상이 높아지고, 국민의 생활이 더욱 풍요롭고 편리해졌습니다. ➕ 자료1

② **경제 성장으로 변화한 생활 모습** 자료2

해외 여행객 증가	가계의 소득이 증가해 해외로 여행을 가는 사람이 많아졌음. ➕
국제 행사 개최	세계인이 모이는 다양한 국제 행사가 우리나라에서 열리게 되었음.
세계적인 한류 확산	우리나라 음악과 드라마 등 우리 문화와 관련한 상품이 해외에서 큰 인기를 끌고 있음. ➕
도시 거주 인구 증가	도시의 인구가 증가하면서 전체 인구 중에 도시에 거주하는 인구의 비율이 빠르게 증가했음.
기대 수명의 증가	의료 기술이 발달하여 사람들의 기대 수명이 늘어났음.
스마트폰의 대중화	스마트폰을 쓰는 사람들이 많아지면서 언제 어디서나 필요한 서비스를 이용할 수 있게 되었음.

➕ **우리나라 경제가 성장할 수 있었던 까닭**

• 근로자는 산업 현장에서 자신의 일에 최선을 다했습니다.
• 기업은 다양한 산업을 발전시키고, 새로운 기술을 개발하고자 노력했습니다.
• 정부는 경제 개발 계획을 세우고 기업을 지원했습니다.

➕ **해외 여행객의 증가**

2,871만 명
1,931만 명
1,249만 명
551만 명
34만 명 156만 명
1980 1990 2000 2010 2015 2019 (년)
[출처: 한국 관광 공사, 2021]
▲ 연도별 해외 여행객 수

➕ **한류**

한류는 우리의 대중가요, 드라마, 영화 등을 전 세계인이 즐기면서 우리나라 대중문화가 외국에서 유행하는 현상입니다.

용어 사전

● **신소재** 기존의 금속이나 플라스틱 등에는 없는 성질의 물질을 이용하여 만든 새로운 재료.
● **생명 공학** 생명 현상이나 생물의 기능을 조작하는 기술을 통틀어 이르는 말.
● **기대 수명** 어떤 사회에 인간이 태어났을 때 앞으로 생존할 것으로 기대되는 평균 생존 연수.

● 정답과 풀이 15쪽

자료 1 1인당 국민 총소득과 국내 총생산의 변화

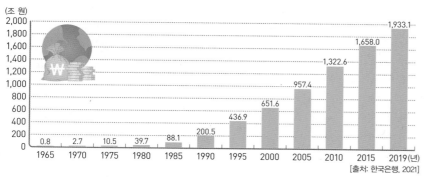

(만 원)

1965	1970	1975	1980	1985	1990	1995	2000	2005	2010	2015	2020(년)
2.9	8.8	29.6	103.3	211.2	467.4	965.5	1,376.9	1,973.0	2,673.0	3,260.2	3,762.1

[출처: 한국은행, 2021]

▲ 1인당 국민 총소득의 변화

(조 원)

1965	1970	1975	1980	1985	1990	1995	2000	2005	2010	2015	2019(년)
0.8	2.7	10.5	39.7	88.1	200.5	436.9	651.6	957.4	1,322.6	1,658.0	1,933.1

[출처: 한국은행, 2021]

▲ 국내 총생산의 변화

1인당 국민 총소득	일정 기간에 한 나라의 국민이 벌어들인 소득을 그 나라의 인구로 나눈 것
국내 총생산	일정 기간에 한 나라 안에서 생산된 물건과 서비스의 양을 돈으로 계산해 합한 것

▶ 우리나라의 경제 성장을 보여 주는 1인당 국민 총소득과 국내 총생산이 크게 증가하였습니다.

자료 2 경제 성장으로 변화한 시대별 생활 모습

흑백텔레비전 보급 1960년대

고속 국도 개통 1970년대

컴퓨터 보급 1980년대

스마트폰 대중화 2010년대

고속 철도 개통 2000년대

승용차 증가 1990년대

1

컴퓨터와 가전제품의 생산이 늘면서 핵심 부품인 (   )의 중요성이 커졌습니다.

2

1990년대에는 로봇 산업, 우주 항공 산업, 신소재 산업 등 첨단 산업이 발달했습니다.

(○ , ×)

3

2000년대 이후 사람들에게 즐거움과 편리함을 제공하는 (서비스 , 첨단) 산업이 발달했습니다.

4

(   )은/는 일정 기간에 한 나라 안에서 생산된 물건과 서비스의 양을 돈으로 계산해 합한 것입니다.

5

우리나라 문화가 해외에서 큰 인기를 얻는 것을 (   )(이)라고 합니다.

1 ⊕ 11종 공통

다음 ( ) 안에 공통으로 들어갈 말을 쓰시오.

> • ( )은/는 컴퓨터와 가전제품에 들어가는 핵심 부품입니다.
> • 1990년대에 우리나라 기업들의 노력으로 세계적으로 인정받는 ( )을/를 개발하고 생산할 수 있게 되었습니다.

( )

2 서술형 ⊕ 11종 공통

1990년대에 **1**번 답과 같은 제품을 만드는 산업이 더욱 크게 발달하게 된 배경을 쓰시오.

_____

_____

3 미래엔, 천재교육 외

1990년대 후반부터 정부와 기업이 전국에 걸쳐 초고속 정보 통신망을 만든 것이 경제 성장에 미친 영향을 보기 에서 모두 골라 기호를 쓰시오.

> **보기**
> ㉠ 산업 구조가 농업 중심으로 바뀌었다.
> ㉡ 다양한 인터넷 관련 기업들이 생겨났다.
> ㉢ 통신 기기의 이용으로 생활이 편리해졌다.

( )

4 ⊕ 11종 공통

다음 중 2000년대 이후부터 발달하기 시작한 산업이 **아닌** 것은 어느 것입니까? ( )

①
▲ 로봇 산업

②
▲ 철강 산업

③
▲ 신소재 산업

④
▲ 문화 콘텐츠 산업

5 ⊕ 11종 공통

다음은 지민이가 인터넷에서 2000년대에 발달한 산업을 검색한 내용입니다. ㉠에 들어갈 산업을 쓰시오.

㉠ 🔍

> • 뜻: 사람들에게 즐거움을 주고 삶을 편리하게 해 주는 산업
> • 종류: 문화 콘텐츠 산업, 금융 산업, 의료 서비스 산업, 관광 산업 등

( )

6 ⊕ 11종 공통

오늘날 경제 성장으로 나타난 모습에 대한 설명이 옳으면 ○표, 옳지 않으면 ×표 하시오.

(1) 국민의 생활이 더욱 풍요롭고 편리해졌습니다.
( )

(2) 국제 사회에서 우리나라의 위상이 낮아졌습니다.
( )

(3) 고도의 기술이 필요한 첨단 산업 등 새로운 산업이 발달했습니다. ( )

[7-9] 다음 그래프를 보고, 물음에 답하시오.

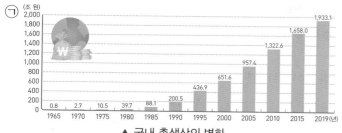

▲ 국내 총생산의 변화

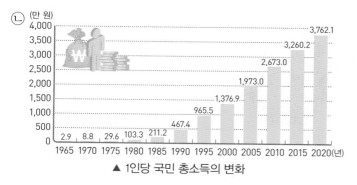

▲ 1인당 국민 총소득의 변화

7 비상교과서, 천재교과서 외

위 ㉠, ㉡ 중 일정 기간에 한 나라 안에서 생산된 물건과 서비스의 양을 돈으로 계산해 합한 것을 나타낸 그래프를 골라 기호를 쓰시오.

( )

8 비상교과서, 천재교과서 외

위 ㉡ 그래프를 보고 ( ) 안에 들어갈 알맞은 내용을 쓰시오.

1975년 약 29만 원이었던 1인당 국민 총소득이 ( )년에는 약 3,762만 원으로 크게 증가하였습니다.

( )

9 서술형 비상교과서, 천재교과서 외

위 ㉠, ㉡ 그래프를 보고, 우리나라의 국내 총생산과 1인당 국민 총소득의 공통적인 변화 모습을 쓰시오.

10 비상교육, 천재교육 외

다음은 경제 성장 과정에서 나타난 시대별 생활 모습입니다. 가장 먼저 나타난 모습은 무엇입니까?

( )

①

▲ 고속 철도 개통

②
▲ 컴퓨터 보급

③
▲ 흑백텔레비전 보급

④

▲ 고속 국도 개통

11 ➕ 11종 공통

경제 성장으로 변화한 우리나라의 생활 모습으로 알맞지 <u>않은</u> 것은 어느 것입니까? ( )

① 도시에 사는 사람이 늘어났다.

② 해외로 여행을 떠나는 사람들이 많아졌다.

③ 공중전화 사용이 증가하여 길거리에 공중전화가 늘어났다.

④ 세계인이 모이는 다양한 국제 행사가 우리나라에서 열리게 되었다.

⑤ 스마트폰을 이용해서 언제 어디든지 필요한 서비스를 이용할 수 있게 되었다.

12 ➕ 11종 공통

다음에서 설명하는 현상은 무엇인지 쓰시오.

우리나라의 영화, 드라마, 대중가요 등 우리 문화가 전 세계로 퍼지는 현상으로, 우리 문화와 관련한 상품이 해외에서 큰 인기를 얻으며 세계적으로 나타났습니다.

( )

2 우리나라의 경제 성장 (3)

1 경제 성장 과정에서 나타난 일들

① 경제 성장 과정에서 있었던 사건들

• 공업화로 1960년대 이후 농촌 사람들이 도시로 이동하면서 농촌에서 일할 사람이 부족해졌습니다. ➕

• 부실 공사로 1994년에 한강 다리가 무너지고, 1995년에 백화점이 무너졌습니다.

• 1997년에 우리나라는 다른 나라에서 빌린 돈을 갚지 못해 우리나라가 외환 위기를 겪으면서 경제가 어려워졌습니다. ┌ 외환 위기 당시 많은 회사가 문을 닫고, 실업자 수가 크게 증가했어요.

▲ 농촌의 노동력 부족

▲ 백화점 붕괴

▲ 외환 위기

② 경제 성장 과정에서 일어난 사건들이 의미하는 것: 경제 성장이 풍요로움만 가져다주지 않고, 또 다른 문제점이 생기기도 합니다.

2 경제 성장 과정에서 나타난 문제점과 해결 노력

① 빈부 격차 문제 → 빈부 격차는 경제적 양극화라고도 해요.

문제점	잘사는 사람과 그렇지 못한 사람의 소득 격차가 더욱 커졌음.
해결 노력 자료 1	• 국회에서 복지와 관련된 법률을 제정함. • 정부에서 소득이 적은 사람에게 생계비, 양육비, 학비 등을 지원함. • 시민 단체에서 다양한 봉사 활동을 함. • 시민들이 어려운 사람을 돕기 위해 기부를 함.

② 노동자와 기업 경영자의 갈등 문제 ➕ → 노동자와 기업 경영자 사이의 갈등을 노사 갈등이라고 해요.

문제점	경제 상황이 좋지 않으면 실업자가 늘어나기도 하고, 노동자와 기업 경영자 사이에 갈등이 확산되기도 함.
해결 노력 자료 2	• 노동자와 경영자는 민주적인 대화로 문제를 해결하려고 함. • 정부는 노동자와 경영자가 타협해 문제를 해결하도록 중재함. • 정부와 기업은 더 나은 근무 환경과 안정적인 일자리를 만들고자 노력함.

③ 환경 문제

문제점	급격한 경제 성장으로 환경이 오염되었고, 에너지 자원이 부족해졌음.
해결 노력 자료 3	• 정부는 풍력, 태양열 등 친환경 에너지를 생산하고, 수소·전기 자동차 등 친환경 자동차를 보급하는 정책을 펼침. • 기업은 친환경 제품을 개발하고 생산함. • 시민들은 환경 문제에 관심을 가지고 에너지 절약 캠페인을 벌임.

➕ 농촌 문제와 해결 노력

	촌락 인구	도시 인구	(단위: %)
1970년	50	50	
1980년	31	69	
1990년	18	82	
2000년	12	88	
2010년	9	91	
2019년	8	92	

[출처: 국토 교통부, 2020]

▲ 도시와 농촌 인구의 변화

농촌에서 일할 사람이 부족해지자 정부는 농촌 사람들에게 교육을 지원하고, 보조금을 지급하는 등 농촌 문제를 해결하기 위해 노력하고 있습니다.

➕ 노동자와 기업 경영자 간에 갈등이 계속될 때 발생할 문제

• 기업은 제품이나 서비스를 제대로 생산하지 못하게 되어 이윤이 줄어듭니다.

• 노동자는 임금을 받지 못하거나 일자리를 잃을 수 있습니다.

• 기업의 경제활동이 원활하게 이루어지지 않게 되어 나라 경제에도 부정적인 영향을 미칠 것입니다.

용어 사전

• **부실 공사** 적합한 재료를 사용하지 않거나 적정한 시간을 지키지 않고 불성실하게 시행한 공사.

• **외환 위기** 외환이 부족하여 국가가 큰 어려움을 겪는 것.

• **실업자** 경제활동에 참여할 나이의 사람 중에 직업이 없는 사람.

• **친환경** 자연환경을 오염하지 않고 자연 그대로의 환경과 잘 어울리는 일.

● 정답과 풀이 16쪽

자료 1 빈부 격차 해결을 위한 노력

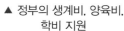
▲ 정부의 생계비, 양육비, 학비 지원

▲ 복지 정책을 위한 여러 법률 제정

▲ 시민 단체의 봉사 활동

》 빈부 격차를 줄이기 위한 다양한 제도와 정책이 필요합니다.

자료 2 노사 갈등 해결을 위한 노력

▲ 기업 경영자와 노동자의 대화

▲ 정부의 노동자와 기업 중재

▲ 일자리 창출

》 노사 갈등을 해결하기 위해 노동자와 경영자는 끊임없이 대화하고, 정부는 노동자와 기업 사이의 문제를 중재하기 위해 노력합니다.

자료 3 환경 문제 해결을 위한 노력

▲ 친환경 에너지 개발

▲ 친환경 제품 개발

▲ 전기 자동차 보급

▲ 에너지 절약 캠페인 활동

》 정부, 기업, 시민들은 환경을 보호하고 에너지를 절약하기 위해 다양한 노력을 합니다.

1

농촌 사람들이 (도시 , 어촌)(으)로 이동하면서 농촌의 노동력이 부족해졌습니다.

2

경제가 성장하면 풍요로움을 가져다 주고, 문제점은 발생하지 않습니다.

(○ , ×)

3

( )은/는 잘사는 사람과 그렇지 못한 사람의 소득 격차가 커지는 것을 말합니다.

4

노동자와 기업 경영자는 민주적인 대화로 노사 갈등 문제를 해결해야 합니다.

(○ , ×)

5

급격한 경제 성장으로 우리 주변의 ( )이/가 오염되었습니다.

1 비상교과서, 천재교육 외

다음과 같은 현상으로 나타난 문제점은 어느 것입니까? (   )

> 공업화로 1960년대 이후 농촌 사람들이 도시로 이동하였습니다.

① 농촌의 주택이 부족해졌다.
② 도시의 일자리가 늘어났다.
③ 농촌의 자연환경이 깨끗해졌다.
④ 농촌의 문화 시설이 부족해졌다.
⑤ 농촌에서 일할 사람이 부족해졌다.

2 동아출판, 천재교과서 외

우리나라에 발생한 다음 사건들을 통해 알 수 있는 내용으로 알맞은 것은 어느 것입니까? (   )

> 부실 공사로 1994년에 한강 다리가 무너지고, 1995년에 백화점이 무너졌습니다.

① 경제 성장은 필요하지 않다.
② 경제 성장은 모든 문제를 해결한다.
③ 경제 성장과 사건들은 직접적 관련이 없다.
④ 경제 성장은 사회를 풍요롭고 편리하게 한다.
⑤ 경제 성장 과정에서 여러 가지 문제가 생길 수 있다.

3 비상교과서, 천재교과서 외

다음 (   ) 안에 들어갈 알맞은 말을 쓰시오.

> 1997년에 우리나라는 다른 나라에서 빌린 돈을 갚지 못해 (   )을/를 겪으며 경제가 어려워졌지만 국민, 기업, 정부가 함께 힘을 모아 극복했습니다.

(   )

4 비상교과서, 천재교과서 외

외환 위기 당시 우리나라의 경제 상황으로 알맞은 것을 두 가지 고르시오. (,   )

① 많은 회사가 문을 닫았다.
② 실업자 수가 크게 증가했다.
③ 근로자의 월급이 크게 올랐다.
④ 물건의 생산량이 급격하게 늘어났다.
⑤ 우리나라에 들어오는 외환이 너무 많아졌다.

5 ⊕ 11종 공통

경제 성장 과정에서 나타난 문제점을 옳게 설명한 친구를 골라 이름을 쓰시오.

> • 도연: 환경이 오염되고 에너지 자원도 부족해졌어.
> • 청하: 인구가 급격하게 증가해서 일자리가 부족해졌어.
> • 소미: 경제 상황이 나빠져서 가난한 사람들이 늘어났어.

(   )

6 ⊕ 11종 공통

다음 글의 밑줄 친 부분에 해당하는 경제 성장 과정에서의 문제점을 무엇이라고 하는지 쓰시오.

> 오늘날 우리나라의 경제 상황은 과거보다 크게 나아졌지만, 잘사는 사람과 그렇지 못한 사람의 소득 격차는 더욱 커졌습니다. 이에 따라 노인, 장애인, 실업자 등 사회적 약자를 보호하기 위해 정부와 국회, 시민 단체는 다양한 노력을 하고 있습니다.

(   )

7 서술형 ➕ 11종 공통

빈부 격차 문제를 해결하기 위한 정부의 노력을 쓰시오.

_____

_____

8 ➕ 11종 공통

다음 (   ) 안에 들어갈 알맞은 말을 쓰시오.

> 경제 상황이 좋지 않으면 실업자가 증가하기도 하고, 노동자와 기업 경영자 사이의 (   )이/가 확산되기도 합니다.

(   )

9 서술형 ➕ 11종 공통

다음과 같은 입장 차이로 발생하는 문제점을 해결하기 위한 방법을 한 가지만 쓰시오.

> • 노동자: 좋은 근무 환경과 높은 임금을 원합니다.
> • 기업 경영자: 이윤을 더 얻기 위해서 임금을 줄이기를 원합니다.

_____

10 ➕ 11종 공통

경제 성장 과정에서 나타난 환경 문제에 대한 설명으로 알맞은 것을 보기 에서 모두 골라 기호를 쓰시오.

> 보기 ●
> ㉠ 공장 폐수와 생활 하수로 물이 오염되었다.
> ㉡ 환경을 무분별하게 개발하여 환경이 오염되었다.
> ㉢ 사람들의 에너지 사용이 늘면서 에너지 자원이 부족해졌다.
> ㉣ 전기 자동차를 타는 사람들이 늘어나면서 미세 먼지가 많아졌다.

(   )

11 ➕ 11종 공통

환경 문제를 해결하기 위한 노력으로 알맞지 <u>않은</u> 것은 어느 것입니까? (   )

①
▲ 친환경 에너지 개발

②
▲ 친환경 제품 개발

③
▲ 일자리 창출

④
▲ 에너지 절약 캠페인 활동

12 ➕ 11종 공통

다음 (   ) 안에 들어갈 알맞은 말에 ○표 하시오.

> 정부는 자동차 배기가스로 생기는 미세 먼지를 줄이기 위해 (전기 , 휘발유) 자동차 보급 지원 정책을 추진하고 있습니다.

3 세계 속의 우리나라 경제 (1)

1 나라 간에 경제 교류를 하는 모습 살펴보기

① 나라 간의 경제 교류: 나라와 나라 사이에 물건, 기술 등을 주고받는 경제 교류가 이루어지고 이를 통해 각 나라는 서로 경제적 이익을 얻습니다. ➕

② 경제 교류가 이루어지는 모습

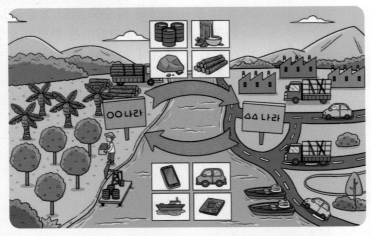

구분	○○ 나라	△△ 나라
풍족하거나 뛰어난 것	열대 과일을 주로 재배하고 철광석, 원유, 천연고무, 목재 등과 같은 자원과 노동력이 풍부함.	휴대 전화, 자동차, 배, 반도체 등을 만드는 기술이 뛰어남.
부족하거나 필요한 것	휴대 전화, 자동차, 배 등을 만드는 기술이 부족함.	원유, 목재, 천연고무 등의 자원이 부족함.
부족하거나 필요한 것을 구하는 방법	△△ 나라에서 휴대 전화, 자동차, 배, 반도체 등을 수입함.	○○ 나라에서 원유, 천연고무, 철광석, 목재 등을 수입함.

➡️ ○○ 나라와 △△ 나라는 서로 자신의 나라에 부족한 것은 다른 나라에서 사 오고, 풍족한 것은 팝니다.

2 무역의 의미 알기 [자료1] [자료2]

① 무역: 나라 간에 물건이나 서비스 등을 사고파는 것입니다.

② 수출과 수입

수출	물건이나 서비스를 다른 나라에 파는 것
수입	다른 나라에서 물건이나 서비스를 사 오는 것

③ 무역을 하는 까닭

• 나라마다 자연환경이나 가지고 있는 자원, 기술 등이 서로 다르기 때문에 더 잘 생산하는 물건이나 서비스가 달라서입니다.

• 각 나라는 더 잘 만들 수 있는 물건이나 서비스를 생산해 다른 나라와 교류하면서 경제적 이익을 얻습니다. ➕

④ 우리나라와 다른 나라의 무역: 우리나라는 다른 나라에서 원료를 수입하고, 이를 국내에서 가공하여 만든 제품을 다시 수출하는 무역이 발달했습니다.

➕ 다양한 경제 교류의 모습

세계 여러 나라에서 수입한 과일을 팔아요.

한국산 냉장고의 인기가 높아요.

➕ 각 나라에서 더 잘 만들 수 있는 것을 전문적으로 생산하면 좋은 점

• 소비자: 같은 제품이지만 더 값싸고 질 좋은 것을 살 수 있습니다.

• 기업: 생산 비용을 줄여 제품을 생산할 수 있습니다.

용어 사전

● **원유** 땅속에서 뽑아낸, 정제하지 않은 그대로의 기름.

● **원료** 어떤 물건을 만드는 데 들어가는 재료.

● **가공** 원자재를 인공적으로 처리하여 새로운 제품을 만들거나 제품의 질을 높임.

● 정답과 풀이 17쪽

자료 1 우리나라의 나라별 무역액 비율(2020년)

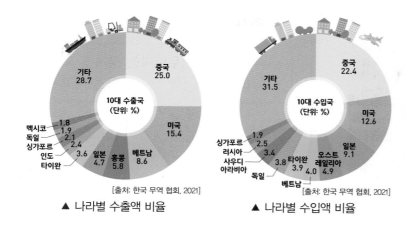

[출처: 한국 무역 협회, 2021]

▲ 나라별 수출액 비율　　▲ 나라별 수입액 비율

주요 수출국	중국, 미국, 베트남, 홍콩 등에 물건을 주로 수출함.
주요 수입국	중국, 미국, 일본, 오스트레일리아 등으로부터 물건을 주로 수입함.

┌ 한 나라의 경제가 무역에 얼마나 의존하고 있는지를 나타내는 지표예요.

▶ 우리나라는 무역 의존도가 높고, 무역 규모에 비해 주요 무역 상대국이 중국, 미국, 일본 등 몇몇 나라에 한정되어 있습니다. 따라서 이들 나라의 영향을 많이 받습니다.

자료 2 우리나라의 주요 수출품과 수입품(2020) → 우리나라는 원자재를 주로 수입하고 기술력이 필요한 제품들을 주로 수출해요.

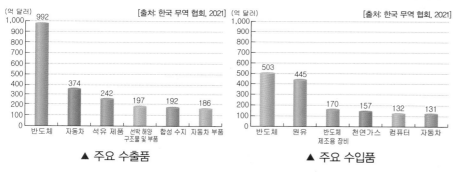

[출처: 한국 무역 협회, 2021]　[출처: 한국 무역 협회, 2021]

▲ 주요 수출품　　▲ 주요 수입품

주요 수출품	반도체, 자동차, 석유 제품 등을 주로 수출함.
주요 수입품	반도체, 원유 등을 주로 수입함.

▶ 반도체는 수출액과 수입액이 모두 가장 많습니다. 반도체는 종류가 다양해서 우리나라가 수출도 하지만 수입도 하고 있기 때문입니다. 우리나라는 메모리 반도체(정보 저장)를 주로 수출하고 비메모리 반도체(정보 처리)를 주로 수입합니다.

▶ 원유의 수입액이 두 번째로 많은데 석유 제품의 수출액이 세 번째로 많습니다. 우리나라는 필요한 원유를 모두 다른 나라에서 수입해야 하지만 원유를 가공하고 처리하는 기술이 뛰어나서 다양한 석유 제품을 수출합니다.

1

나라 간에 물건이나 서비스 등을 사고파는 것을 (　　　　　)(이)라고 합니다.

2

무역을 할 때 다른 나라에 물건이나 서비스를 파는 것을 (수출 , 수입)이라고 합니다.

3

무역을 할 때 다른 나라에서 물건이나 서비스를 사 오는 것을 (수출 , 수입)이라고 합니다.

4

우리나라의 수출액 비율이 가장 높은 나라는 미국입니다.

(○ , ×)

5

(　　　　　)은/는 우리나라의 주요 수출품이자 수입품입니다.

3 세계 속의 우리나라 경제 (1)

[1-3] 다음 자료를 보고, 물음에 답하시오.

1 ➕ 11종 공통

위 자료의 ㈎, ㈏에 들어갈 알맞은 물건을 다음 보기
에서 골라 각각 기호를 쓰시오.

> **보기**
> ㉠ 원유   ㉡ 자동차
> ㉢ 반도체   ㉣ 바나나

㈎ (   ), ㈏ (   )

2 ➕ 11종 공통

위 자료를 통해 알 수 있는 사실로 알맞지 <u>않은</u> 것을
보기 에서 골라 기호를 쓰시오.

> **보기**
> ㉠ ○○ 나라는 주로 열대 과일을 재배한다.
> ㉡ ○○ 나라와 △△ 나라 사이에는 무역이 이루어
> 지고 있다.
> ㉢ △△ 나라는 원유, 목재, 천연고무 등의 자원이
> 풍부하다.

(   )

3 ➕ 11종 공통

위 자료를 보고, ㉠, ㉡에 들어갈 알맞은 말에 ○표 하
시오.

> ○○ 나라와 △△ 나라는 서로 자신의 나라에 부
> 족한 것은 다른 나라에서 ㉠(사 오고 , 팔고) 풍족
> 한 것은 ㉡(삽니다 , 팝니다).

4 ➕ 11종 공통

다음에서 설명하는 것은 무엇인지 쓰시오.

> • 나라 사이에 이루어지는 경제적 교류입니다.
> • 나라 간에 물건과 서비스 등을 사고파는 것입니다.

(   )

5 ➕ 11종 공통

수출과 수입에 대한 설명을 선으로 알맞게 연결하시오.

(1) 수출 •

(2) 수입 •

• ㉠ 다른 나라에 물건이
나 서비스를 파는 것

• ㉡ 다른 나라에서 물건
이나 서비스를 사 오
는 것

6 ➕ 11종 공통

나라 간에 무역을 하는 까닭을 보기 에서 모두 골라
기호를 쓰시오.

> **보기**
> ㉠ 나라마다 자연환경이 다르기 때문이다.
> ㉡ 나라마다 국가의 이름이 다르기 때문이다.
> ㉢ 나라마다 가지고 있는 기술이 다르기 때문이다.
> ㉣ 나라마다 가지고 있는 자원이 다르기 때문이다.

(   )

7 서술형 ⊕ 11종 공통

나라 간에 무역을 하면 좋은 점을 쓰시오.

_____

_____

8 ⊕ 11종 공통

우리나라와 다른 나라의 무역에 대해 옳게 말한 친구를 골라 ○표 하시오.

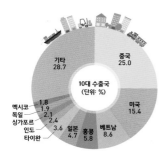

(1) 우리나라는 다른 나라에 수출은 하지만 수입은 하지 않아.

( )

(2) 우리나라는 중국, 미국 등 세계 여러 나라와 무역을 해.

( )

9 미래엔, 아이스크림 외

다음은 우리나라의 나라별 무역액 비율을 나타낸 그래프입니다. 수출액과 수입액이 가장 높은 국가를 찾아 각각 쓰시오.

▲ 나라별 수출액 비율   ▲ 나라별 수입액 비율

(1) 수출액이 가장 높은 국가: ( )
(2) 수입액이 가장 높은 국가: ( )

[10-12] 다음은 우리나라의 주요 수출품과 수입품을 나타낸 그래프입니다. 물음에 답하시오.

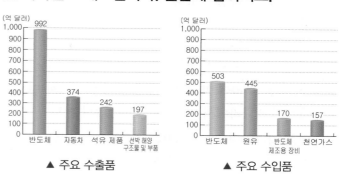

▲ 주요 수출품   ▲ 주요 수입품

10 비상교과서, 천재교육 외

위 그래프에서 우리나라의 주요 수출품이자 주요 수입품인 오른쪽 사진의 물품을 찾아 쓰시오.

( )

11 비상교과서, 천재교육 외

위 그래프에 대한 설명으로 알맞지 <u>않은</u> 것은 어느 것입니까? ( )

① 반도체의 수출액이 가장 많다.
② 자동차의 수출액이 두 번째로 많다.
③ 물건의 재료가 되는 것을 주로 수입한다.
④ 천연가스는 우리나라의 주요 수출품이다.
⑤ 반도체를 수출하기도 하지만 수입하기도 한다.

12 서술형 비상교과서, 아이스크림 외

위 그래프에서 우리나라가 원유의 수입액이 두 번째로 많은데 석유 제품의 수출이 세 번째로 많은 까닭을 쓰시오.

_____

_____

3 세계 속의 우리나라 경제 (2)

1 우리나라와 다른 나라와의 경제 교류
— 오늘날 교통수단과 통신수단의 발달로 물건과 서비스의 이동이 자유로워 나라 간 경제 교류가 활발해졌어요.

① 다른 나라와의 물건 교류 [자료 1]
- 물건의 원산지를 살펴보면 물건을 만드는 데 사용한 재료가 어느 나라에서 왔는지 알 수 있습니다.
- 우리가 사용하는 물건 중에는 다른 나라의 재료를 이용해 다른 나라에서 만든 것, 다른 나라의 재료를 이용해 우리나라에서 만든 것, 우리나라의 재료를 이용해 우리나라에서 만든 것 등이 있습니다.

② 다른 나라와의 서비스 교류: 우리나라는 의료, 게임, 영화, 만화 등 서비스 분야에서도 세계 여러 나라와 교류합니다. [자료 2]

우리나라로 치료를 받으러 오는 외국인 환자가 늘어나고 있습니다. 정부는 의료 수출을 활성화하기 위해 다양한 지원 활동을 합니다.	한국의 컴퓨터 게임과 모바일 게임이 주력 수출 시장인 중국뿐만 아니라 일본, 북미, 유럽 지역에서도 큰 인기를 끌고 있습니다.

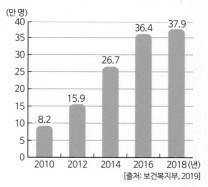
➕ 우리나라를 방문한 외국인 환자 수

[출처: 보건복지부, 2019]

우리나라를 찾는 외국인 환자 수는 2010년에 약 8만 명이었는데 2018년에는 약 38만 명으로 크게 늘어났습니다.

2 다른 나라와의 경제 교류가 우리 경제생활에 미친 영향

① 경제 교류가 의식주 및 여가 생활에 미친 영향 [자료 3]

의생활	다른 나라에서 만든 옷이나 신발 등을 쉽게 구입할 수 있음.
식생활	다른 나라에 직접 가지 않아도 그 나라의 음식을 먹을 수 있으며 외국 음식의 재료를 구할 수 있음. ➕
주생활	다른 나라에서 수입한 가구를 사용하는 가정이 많아졌고, 집의 내부 구조도 다른 나라와 비슷해지고 있음.
여가 생활	다른 나라에서 만든 영화를 우리나라 영화관에서 관람할 수 있고, 다른 나라의 운동 경기 등을 집에서 볼 수 있음.

② 경제 교류가 개인과 기업에 미친 영향

개인	• 우리나라 사람이 외국 기업에서 일자리를 얻는 등 개인의 경제활동 범위가 넓어졌음. ┌ 다른 나라에서 판매하는 상품을 온라인으로 직접 구매하고 국제 배송으로 받아볼 수 있어요. • 세계 여러 나라의 싸고 다양한 물건을 살 수 있음. • 다른 나라의 드라마나 영화, 노래 등 문화 콘텐츠를 이용할 수 있음.
기업	• 외국 기업과 새로운 기술과 정보를 주고받을 수 있게 되었음. • 다른 나라에 공장을 세워 그 나라의 노동력과 자원을 활용해 물건을 생산하고 제조 비용과 운반 비용을 줄일 수 있게 되었음.

➕ 식당에서 볼 수 있는 식재료의 원산지

돼지고기	칠레
닭고기	브라질
고등어	노르웨이
고춧가루	중국
쌀	국내

다른 나라와의 경제 교류가 활발해지면서 식재료의 원산지가 다양해졌습니다.

▲ 외국 기업에 취업하려는 우리나라 국민

▲ 다른 나라에서 수입한 열대 과일

▲ 인도에 있는 우리나라 기업의 자동차 공장

용어 사전
- **원산지** 어떤 물건의 재료를 생산하는 곳.
- **주력** 중심이 되는 힘. 또는 그런 세력.
- **여가** 일이 없어 남는 시간.

◆ 교과서 통합 대표 자료

자료 1 우리 주변의 물건이 어느 나라에서 만들어졌는지 살펴보기

가방	커피	소금	의자
• 원산지: 중국 • 생산 국가: 베트남	• 원산지: 브라질 • 생산 국가: 브라질	• 원산지: 한국 • 생산 국가: 한국	• 원산지: 캐나다 • 생산 국가: 한국
다른 나라의 재료로 다른 나라에서 만든 것	다른 나라의 재료로 다른 나라에서 만든 것	우리나라의 재료로 우리나라에서 만든 것	다른 나라의 재료로 우리나라에서 만든 것

▶ 우리 주변의 물건이 어느 나라에서 만들어진 것인지를 살펴보면 우리 나라가 다른 나라와 여러 가지 물건을 교류한다는 것을 알 수 있습니다.

자료 2 다른 나라와의 서비스 교류 사례

우리나라 만화 산업의 수출액이 증가하고 있습니다. 특히 유럽, 일본, 동남아시아 등에서 우리나라 온라인 만화의 인기가 높아 인터넷 만화 서비스의 월 사용자 수가 증가하고 있습니다. 만화 산업은 영화, 드라마 등으로도 제작되어 관련 산업의 수출도 활발해지고 있습니다.

자료 3 경제 교류의 영향으로 달라진 의식주 생활 및 여가 생활 모습

▶ 세계 여러 나라와 경제 교류가 활발해지면서 우리의 생활에도 많은 변화가 생겼습니다.

기본 개념 문제

● 정답과 풀이 18쪽

1
물건의 (   )을/를 살펴보면 물건의 재료가 어느 나라 것인지를 알 수 있습니다.

2
우리나라는 다른 나라와 서비스 분야는 교류하지 않고, 물건만 교류합니다.

(○ , ×)

3
다른 나라에서 만든 영화를 보려면 그 나라로 직접 찾아 가야 합니다.

(○ , ×)

4
다른 나라와의 경제 교류로 (개인 , 기업)은 외국에서 일자리를 얻을 수 있게 되었습니다.

5
기업은 다른 나라에 (   ) 을/를 세워 그 나라의 노동력과 자원을 활용할 수 있습니다.

3 세계 속의 우리나라 경제 (2)

1 미래엔, 비상교과서 외

다음에서 설명하는 것은 무엇인지 쓰시오.

> • 어떤 물건의 재료를 생산하는 곳입니다.
> • 물건의 재료가 어느 나라 것인지 알 수 있습니다.

( )

[2-3] 우리 주변에서 볼 수 있는 다음 물건을 보고,
물음에 답하시오.

ㄱ 가방
• 원산지: 중국
• 생산 국가: 베트남

ㄴ 커피
• 원산지: 브라질
• 생산 국가: 브라질

ㄷ 소금
• 원산지: 한국
• 생산 국가: 한국

ㄹ 의자
• 원산지: 캐나다
• 생산 국가: 한국

2 미래엔, 천재교과서 외

**위 물건 중 우리나라 재료로 우리나라에서 만든 물건
을 찾아 기호를 쓰시오.**

( )

3 미래엔, 천재교과서 외

**위 물건의 원산지와 생산 국가를 보고 알 수 있는 점
을 알맞게 말한 친구를 골라 이름을 쓰시오.**

> • 지현: 다른 나라의 재료로 만든 물건은 우리나라
> 에서 팔 수 없어.
> • 정국: 우리나라가 다른 나라와 여러 물건을 교류
> 한다는 것을 알 수 있어.

( )

4 ➕ 11종 공통

다음 ( ) 안에 들어갈 알맞은 말을 쓰시오.

> 우리나라는 물건뿐만 아니라 의료, 게임, 영화 등
> ( ) 분야에서도 세계 여러 나라와 교류합니다.

( )

5 비상교과서, 천재교육 외

**다음 우리나라를 방문한 외국인 환자 수를 나타낸 그
래프를 보고, ( ) 안에 들어갈 알맞은 말에 ○표
하시오.**

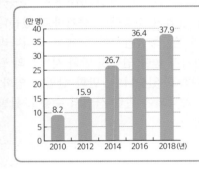

우리나라의 의료 서
비스를 이용하기 위해
우리나라를 찾는 외국
인 환자의 수가 매년
(증가 , 감소)하고 있
습니다.

6 ➕ 11종 공통

**우리나라와 다른 나라의 경제 교류 사례가 <u>아닌</u> 것은
어느 것입니까? ( )**

① 미국에서 우리나라 영화가 개봉한 사례
② 중국에서 만든 가방을 우리나라 시장에서 판매하
는 사례
③ 우리나라 기업에서 만든 컴퓨터 게임을 중국에 수
출한 사례
④ 우리 정부가 오스트레일리아의 수소를 수입하고
수소차를 수출한 사례
⑤ 우리나라에서 재배한 쌀로 만든 떡을 우리나라 떡
집에서 판매하는 사례

[7-8] 다음 보기 를 보고, 물음에 답하시오.

보기
- ㉠ 다른 나라의 음식을 먹으려면 반드시 그 나라에 직접 가야 한다.
- ㉡ 최근에 우리나라에서 짓는 아파트나 주택의 내부 구조가 점차 외국과 비슷해지고 있다.
- ㉢ 친구들이 입고 있는 옷의 원산지를 살펴보니 옷의 재료가 베트남, 중국 등에서 온 것을 알 수 있다.

7 비상교육, 천재교육 외

위 보기 에서 경제 교류가 주생활에 미친 영향을 찾아 기호를 쓰시오.

( )

8 서술형 아이스크림, 천재교육 외

위 보기 에서 경제 교류가 우리 생활에 미친 영향으로 알맞지 않은 것을 골라 기호를 쓰고, 잘못된 내용을 옳게 고쳐 쓰시오.

_____

_____

9 비상교육, 천재교육 외

다음은 다른 나라와의 경제 교류가 어떤 생활에 미친 영향입니까? ( )

주말에 가족들과 함께 영화관에서 다른 나라에서 만든 만화 영화를 봤습니다.

① 의생활   ② 식생활   ③ 주생활
④ 학교생활   ⑤ 여가 생활

10 ＋ 11종 공통

다음 ( ) 안에 들어갈 알맞은 말은 어느 것입니까?
( )

다른 나라와의 교류가 활발해지면서 외국 기업에서 ( )을/를 얻는 등 개인의 경제활동의 범위가 넓어졌습니다.

① 물건   ② 이윤   ③ 서비스
④ 일자리   ⑤ 노동력

11 서술형 ＋ 11종 공통

오른쪽 사진을 통해 알 수 있는 다른 나라와의 경제 교류가 개인에게 미친 영향을 쓰시오.

◀ 다른 나라에서 수입한 열대 과일

_____

_____

12 ＋ 11종 공통

다른 나라와의 경제 교류가 기업에 미친 영향으로 알맞은 것을 두 가지 고르시오. (,)

① 새로운 기술을 주고받을 수 있게 되었다.
② 다른 나라의 자원을 활용하기 어려워졌다.
③ 기업들이 수출을 통해 얻는 이익이 줄어들게 되었다.
④ 새로운 아이디어를 우리나라의 기업이 독점할 수 있게 되었다.
⑤ 다른 나라에 공장을 세워 그 나라의 값싼 노동력을 활용해 비용을 줄일 수 있게 되었다.

3 세계 속의 우리나라 경제 (3)

1 우리나라와 다른 나라의 경제 관계

① 경제 교류에서의 상호 의존 관계 자료 1
- 우리나라는 다른 나라와 경제적으로 서로 의존하며 교류하고 있습니다.
- 우리나라는 발전된 기술과 품질이 뛰어난 제품은 수출하고, 우리나라에 없거나 부족한 자원과 물건, 기술 등을 수입합니다.
- 우리나라는 경제 교류를 보다 자유롭고 편리하게 할 수 있도록 자유 무역 협정(FTA)을 맺었습니다. +

② 경제 교류에서의 경쟁 관계 → 다리나 건물을 짓는 사업에 참여하려고 세계 여러 나라의 건설 기업이 경쟁하기도 해요.
- 우리나라는 세계 시장에서 다른 나라와 경쟁을 하기도 합니다.
- 가전제품, 자동차, 휴대 전화 등 새로운 기술을 요구하는 시장에서의 경쟁은 매우 치열합니다.
- 나라 간의 경쟁은 우수한 제품을 개발하는 토대가 됩니다.

▲ 자동차 가격 경쟁

▲ 휴대 전화 기술 경쟁

2 다른 나라와 경제 교류를 하면서 생기는 문제점과 해결 방안

① 우리나라가 다른 나라와 무역을 하면서 겪는 문제

다른 나라가 특정 물건을 수입하지 않아 우리나라의 수출이 감소함.

다른 나라가 우리나라 물건에 높은 관세를 부과하여 수출이 어려워짐.

우리나라가 다른 나라의 특정 물건을 수입하지 않아 갈등을 겪음.

수입에 의존해야 하는 자원이나 물건의 수입이 어려워짐.

② 무역 문제가 생기는 까닭: 무역을 하면서 불리한 점이 생기면 세계 여러 나라는 자기 나라의 경제를 보호하려고 법이나 제도를 만들기 때문입니다. 자료 2

③ 무역 문제 해결 방안
- 세계 여러 나라가 무역 문제를 함께 협상하고 합의하려는 노력이 필요합니다.
- 무역 문제에 대한 대책을 마련하기 위해 국내 기관을 설립합니다.
- 무역 문제가 발생했을 때 국제기구에 도움을 요청할 수 있습니다. +

+ 자유 무역 협정
- 자유 무역 협정(FTA: Free Trade Agreement)은 나라 간 물건이나 서비스 등의 자유로운 이동을 위해 세금, 법과 제도 등의 문제를 줄이거나 없애기로 한 약속입니다.
- 우리나라는 58개국과 자유 무역 협정을 맺고 있습니다.(2022년 2월 기준)

+ 세계 무역 기구(WTO)
- 세계 무역 기구는 나라와 나라 사이에서 무역과 관련된 문제가 일어났을 때 공정하게 심판하려고 만들어진 국제기구입니다.
- 무역 갈등이 발생할 경우 세계 무역 기구는 나라 간 협의를 통해 갈등이 해결되도록 돕고, 협의 내용을 어긴 나라에 강력한 제재를 할 수 있습니다.

용어 사전
- **관세** 국외에서 수입하는 물건에 부과하는 세금.
- **국제기구** 어떤 국제적인 목적이나 활동을 위해서 두 나라 이상의 회원국으로 구성된 조직체.

✦ 교과서 통합 대표 자료

자료1 **우리나라와 다른 나라의 상호 의존 관계**

○○신문   20△△년 ○월 ○일

한국 – 사우디아라비아 석유 개발 사업 공동 추진

한국과 사우디아라비아가 공동으로 해외 석유 탐사 및 개발 사업에 참여하기로 합의하였다. 이에 따라 사우디아라비아가 진출한 우리나라 기업의 사업 분야도 더욱 확대될 것으로 전망된다. 두 나라는 이후 공동 사업 분야를 점차 확대할 계획이다.

◇◇신문   20△△년 ○월 ○일

한국 – 칠레 자유 무역 협정 이후

2003년 칠레와의 자유 무역 협정이 체결된 이후 한국과 칠레 간의 경제 교류가 활발하게 이루어지고 있다. 우리나라에 수입되는 포도 중 칠레산 포도의 비중이 가장 높고, 칠레에서도 한국산 가전제품, 자동차 등 여러 제품이 인기를 얻고 있다.

▶ 우리나라는 다른 나라와 공동으로 사업을 진행하거나 자유 무역 협정을 맺습니다. 이렇듯 우리나라는 다른 나라와 경제적 도움을 주고받는 상호 의존 관계에 있습니다.

자료2 **세계 여러 나라가 자기 나라 경제를 보호하는 까닭**

다른 나라보다 경쟁력이 부족한 우리나라 산업을 보호해야 하기 때문임.

다른 나라 물건의 수입이 늘어 국내 산업이 어려워지면 일자리를 잃는 사람들이 늘어날 수 있기 때문임.

나라의 기본이 되는 산업을 지켜 안정적 성장을 이루기 위해서임.

물건의 가격을 지나치게 낮추는 것과 같은 다른 나라의 불공정한 거래에 대응하기 위해서임.

기본 개념 문제

● 정답과 풀이 19쪽

1
우리나라는 다른 나라와 서로 (의존 , 비난)하며 경제적으로 교류합니다.

2
우리나라는 같은 종류의 물건을 생산하는 다른 나라와는 서로 (   )을/를 하기도 합니다.

3
(   )은/는 나라 간 경제 교류를 자유롭고 편리하게 하려고 맺은 약속입니다.

4
세계 여러 나라는 무역을 하다가 불리한 점이 생기면 자기 나라 경제를 보호하려고 새로운 법이나 제도를 만들기도 합니다.

(○ , ×)

5
무역 문제가 발생했을 때 세계 무역 기구(WTO) 등 (   )에 도움을 요청할 수 있습니다.

2. 우리나라의 경제 발전 **83**

3 세계 속의 우리나라 경제 (3)

1 ⊕ 11종 공통

다음 ㉠, ㉡에 들어갈 알맞은 말을 보기 에서 골라 쓰시오.

보기 ●
- 수입
- 수출

우리나라의 발전된 기술과 좋은 물건은 (㉠) 하고 우리나라에 부족하거나 없는 자원, 물건, 기술 등은 (㉡)합니다.

㉠ (   ), ㉡ (   )

2 동아출판, 아이스크림 외

다음 신문 기사를 읽고 알 수 있는 사실로 알맞은 것에 ○표 하시오.

○○신문   20△△년 ○월 ○일

한국 – 사우디아라비아
석유 개발 사업 공동 추진

한국과 사우디아라비아가 공동으로 해외 석유 탐사 및 개발 사업에 참여하기로 합의하였다. 두 나라는 이후 공동 사업 분야를 점차 확대할 계획이다.

(1) 우리나라는 석유 자원이 풍부합니다.   (   )

(2) 우리나라는 다른 나라와 서로 의존하며 경제적으로 교류합니다.   (   )

(3) 우리나라와 사우디아라비아가 석유 개발 사업을 두고 서로 경쟁하고 있습니다.   (   )

3 ⊕ 11종 공통

다음에서 설명하는 협약은 무엇인지 쓰시오.

나라 간에 물건이나 서비스 등을 주고받을 때 세금, 법과 제도 등의 문제를 줄이거나 없애기로 한 약속입니다.

(   )

4 서술형 ⊕ 11종 공통

세계 여러 나라가 자유 무역 협정을 맺은 까닭은 무엇인지 쓰시오.

_____

5 ⊕ 11종 공통

다음 ( ) 안에 들어갈 물건으로 알맞지 않은 것은 어느 것입니까? (   )

우리나라는 ( ) 등 같은 종류의 물건을 생산하는 다른 나라와는 세계 시장에서 서로 경쟁합니다.

① 자동차   ② 노트북
③ 텔레비전   ④ 열대 과일
⑤ 휴대 전화

6 ⊕ 11종 공통

우리나라가 겪고 있는 무역 문제로 알맞은 것을 보기 에서 모두 골라 기호를 쓰시오.

보기 ●
㉠ 수출품의 종류가 너무 다양하다.
㉡ 우리나라의 수입 거부로 다른 나라와 갈등이 일어난다.
㉢ 다른 나라의 수입 제한으로 우리나라의 수출이 감소한다.
㉣ 수입에 의존해야 하는 물건에 문제가 생겨 수입량이 증가한다.

(   )

1 ✚ 11종 공통

다음 보기 를 가계와 기업이 주로 하는 일로 구분하여 각각 기호를 쓰시오.

보기
㉠ 사람들에게 일자리를 제공한다.
㉡ 소득으로 필요한 물건을 구입한다.
㉢ 생산 활동의 대가로 소득을 얻는다.
㉣ 물건을 생산하여 판매하거나 서비스를 제공해 이윤을 얻는다.

(1) 가계	
(2) 기업	

2 ✚ 11종 공통

가계의 합리적 선택에서 가장 중요한 것은 어느 것입니까? ( )

① 만족감을 높이는 것
② 가장 싼 가격의 물건을 사는 것
③ 가장 비싼 가격의 물건을 사는 것
④ 한 번에 여러 가지 물건을 사는 것
⑤ 디자인, 상표 등을 고려하지 않고 물건을 사는 것

3 미래엔, 비상교과서 외

여러 가지 시장에 대한 설명으로 알맞은 것을 선으로 연결하시오.

(1) 홈 쇼핑 •

(2) 전통 시장 •

• ㉠ 물건을 직접 보고 살 수 있는 시장

(3) 인터넷 쇼핑 •

(4) 대형 할인점 •

• ㉡ 직접 가지 않고 물건을 살 수 있는 시장

4 ✚ 11종 공통

다음과 같이 자유로운 경쟁이 우리나라에 주는 도움으로 알맞은 것은 어느 것입니까? ( )

기업은 더 많은 이윤을 얻기 위해 기술을 개발해 우수한 품질의 물건을 만듭니다.

① 인구수가 늘어난다.
② 환경 오염이 줄어든다.
③ 사람들 사이의 갈등이 줄어든다.
④ 국가 전체의 경제 발전에 도움을 준다.
⑤ 다른 나라에 우리나라의 문화를 전할 수 있다.

5 서술형 비상교과서, 천재교과서 외

다음 신문 기사를 읽고, 바람직한 경제활동이 필요한 까닭을 쓰시오.

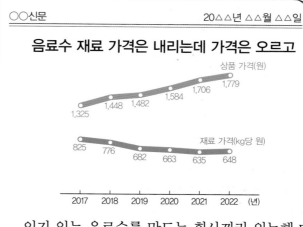

○○신문   20△△년 △△월 △△일

음료수 재료 가격은 내리는데 가격은 오르고

상품 가격(원)
1,325   1,448   1,482   1,584   1,706   1,779

재료 가격(kg당 원)
825   776   682   663   635   648

2017   2018   2019   2020   2021   2022 (년)

인기 있는 음료수를 만드는 회사끼리 의논해 마음대로 가격을 올려 음료수의 재료 가격은 내렸지만 상품의 가격은 오르고 있다.

6 ➕ 11종 공통

다음 (   ) 안에 들어갈 알맞은 경제 계획은 무엇인지 쓰시오.

> (   )(이)란 경제 발전을 위해 정부가 1962년부터 1986년까지 5년 단위로 추진한 경제 계획입니다.

(   )

7 서술형 ➕ 11종 공통

1960년대 우리나라에서 다음과 같은 물건을 만드는 산업이 발달한 까닭을 쓰시오.

▲ 의류 생산

▲ 신발 생산

_____

_____

8 ➕ 11종 공통

1970년대 중화학 공업을 발전시키기 위한 정부의 노력을 보기 에서 모두 골라 기호를 쓰시오.

> 보기
> ㉠ 교육 시설과 연구소 등을 설립했다.
> ㉡ 중화학 공업 육성 계획을 발표했다.
> ㉢ 경공업 제품을 생산하는 기업을 없앴다.
> ㉣ 기업에 돈을 빌려줘 각종 산업에 적극적으로 참여할 수 있도록 지원했다.

(   )

9 ➕ 11종 공통

다음 산업이 우리나라에서 발달한 순서대로 기호를 쓰시오.

㉠
▲ 자동차 산업

㉡
▲ 반도체 산업

㉢
▲ 식료품 공업

㉣
▲ 문화 콘텐츠 산업

(   ) → (   ) → (   ) → (   )

10 ➕ 11종 공통

다음은 경제 성장 과정에서 나타난 어떤 문제점을 해결하기 위한 노력입니까? (   )

> • 정부의 생계비, 양육비, 학비 등 지원
> • 시민 단체의 사회적 약자를 보호하기 위한 다양한 봉사 활동
> • 국민 기초 생활 보장법, 장애인 복지법 등 복지 정책을 위한 여러 법률 제정

① 외환 위기
② 환경 문제
③ 노사 갈등
④ 빈부 격차
⑤ 농촌의 일손 부족

11 서술형 ⊕ 11종 공통

다음 글을 읽고, ○○ 나라와 □□ 나라가 부족하거나 필요한 것을 어떻게 구할 수 있을지 쓰시오.

○○ 나라는 원유, 목재, 천연고무 등과 같은 자원과 노동력이 풍부하지만 휴대 전화, 자동차, 배 등을 만드는 기술이 부족합니다. □□ 나라는 휴대 전화, 자동차, 배 등을 만드는 기술이 뛰어나지만 원유, 목재, 천연고무 등의 자원이 부족합니다.

_____

_____

_____

12 비상교과서, 천재교육 외

다음은 우리나라의 주요 수출품과 수입품을 나타낸 그래프입니다. 설명이 옳지 <u>못한</u> 것은 어느 것입니까? (   )

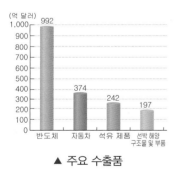

▲ 주요 수출품

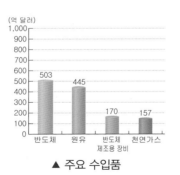

▲ 주요 수입품

① 반도체를 가장 많이 수출한다.
② 원유를 두 번째로 많이 수입한다.
③ 물건을 만드는 재료를 주로 수출한다.
④ 반도체를 수출하기도 하지만 수입하기도 한다.
⑤ 원유를 수입해 다양한 석유 제품을 만들어 수출한다.

13 아이스크림, 천재교육 외

다음 (   ) 안에 들어갈 알맞은 말에 ○표 하시오.

요즘에는 다른 나라와의 경제 교류가 활발해지면서 식당에서 사용하는 식재료의 원산지가 (다양해 , 단순해)졌습니다.

14 ⊕ 11종 공통

다음 ㉠, ㉡에 들어갈 알맞은 말에 ○표 하시오.

다른 나라와 교류가 활발해지면서 ㉠ (개인 , 기업)은 소비자로서 전 세계의 값싸고 다양한 물건을 선택할 수 있는 기회가 늘어났고, ㉡ (개인, 기업)은 다른 나라에 공장을 세워 값싼 노동력을 활용해 물건을 생산하여 비용을 줄일 수 있게 되었습니다.

15 ⊕ 11종 공통

다음 (   ) 안에 들어갈 알맞은 말을 쓰시오.

• 동하: 다른 나라와 생기는 무역 문제를 해결하는 방법에는 무엇이 있을까?
• 시우: 무역 문제로 생기는 피해를 줄이는 대책을 마련해야 해.
• 준형: 세계 여러 나라가 무역 문제를 함께 협상하고 합의하려는 노력이 필요해.
• 도연: 무역 문제가 발생했을 때 세계 무역 기구(WTO)와 같은 (   )에 도움을 요청할 수도 있어.

(   )

2. 우리나라의 경제 발전

● 정답과 풀이 22쪽

평가 주제	가계와 기업의 경제적 역할과 관계 알아보기
평가 목표	가계와 기업의 경제적 역할을 구분하고, 가계와 기업의 경제활동은 어떤 관계가 있는지 알 수 있다.

[1-3] 다음 그림을 보고, 물음에 답하시오.

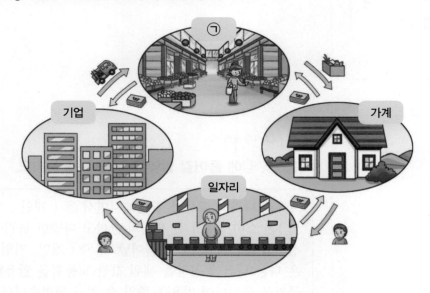

1 위 그림에서 가계와 기업이 만나 경제활동이 이루어지는 ㉠은 어디인지 쓰시오.

(   )

도움 ㉠은 가계가 물건이나 서비스를 구입하고, 기업은 물건이나 서비스를 생산하여 공급하는 장소입니다.

2 위 그림을 보고 가계와 기업이 하는 일을 한 가지씩 쓰시오.

가계 (1)

기업 (2)

도움 가계와 기업은 경제활동의 주요 주체로 다양한 경제적 활동을 합니다.

3 가계와 기업은 어떤 관계가 있는지 쓰시오.

_____

_____

도움 가계와 기업이 하는 일이 서로에게 어떤 영향을 주는지 생각해 봅니다.

수행 평가 2회

2. 우리나라의 경제 발전

문제 강의

정답과 풀이 22쪽

2 단원

평가 주제 우리나라의 경제 성장 과정 살펴보기

평가 목표 시기별로 우리나라에서 발달한 산업과 특징을 설명할 수 있다.

[1-3] 다음 사진을 보고, 물음에 답하시오.

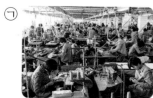

㉠
▲ 의류 산업

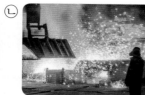

㉡
▲ 철강 산업

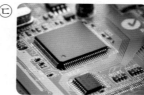

㉢
▲ 반도체 산업

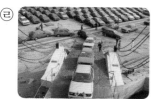

㉣
▲ 자동차 산업

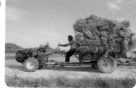

㉤
▲ 농업

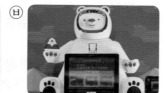

㉥
▲ 로봇 산업

1 위 ㉠~㉥을 우리나라의 경제 성장 과정에 맞게 순서대로 기호를 쓰시오.

( ) → ( ) → ( ) → ( ) → ( ) → ( )

도움 사진에 나타난 산업이 우리나라 경제 성장 과정에서 어떤 시기에 발달했는지 생각해 봅니다.

2 위 ㉠~㉥에서 경공업과 중화학 공업을 모두 골라 기호를 쓰시오.

(1) 경공업: ( ) (2) 중화학 공업: ( )

도움 경공업은 식료품, 섬유, 종이 등 비교적 가벼운 물건을 만드는 산업이고, 중화학 공업은 철, 배, 자동차 등 무거운 제품을 생산하는 산업입니다.

3 위와 같은 경제 성장으로 인해 변화한 우리 사회 모습을 정리하였습니다. 빈칸에 들어갈 내용을 두 가지 더 쓰시오.

- 승용차를 보유한 가정이 늘어났습니다.
- ______________________
- ______________________

도움 경제가 성장함에 따라 문화, 교통, 통신 등 우리 사회 여러 분야에서 큰 변화가 생겼습니다.

2. 우리나라의 경제 발전

● 정답과 풀이 22쪽

평가 주제	무역의 의미와 무역을 하는 까닭 알아보기
평가 목표	나라 간에 교류하는 모습을 살펴보고, 무역의 의미를 설명할 수 있다.

[1-3] 다음 두 나라의 상황을 살펴보고, 물음에 답하시오.

A 나라	B 나라
• 사계절이 뚜렷하고 기후가 온난합니다. • 구리, 철광석, 원유와 같은 자원이 부족합니다. • 휴대 전화, 텔레비전 등의 가전제품을 만드는 기술이 뛰어나고 반도체, 자동차 산업이 발달했습니다.	• 산맥에 구리 광산이 많이 있고 철광석, 원유와 같은 자원이 풍부합니다. • 세계 1위의 포도 수출국으로 포도주가 유명합니다. • 휴대 전화, 텔레비전, 자동차 등을 만드는 기술이 부족합니다.

1 위 두 나라에서 풍족하거나 뛰어난 것과 부족하거나 필요한 것을 쓰시오.

구분	풍족하거나 뛰어난 것	부족하거나 필요한 것
A 나라	휴대 전화, 텔레비전 등의 가전제품을 만드는 기술	(㉠)
B 나라	(㉡)	휴대 전화, 텔레비전, 자동차 등을 만드는 기술

도움 제시된 글에서 A, B 나라가 풍족하거나 뛰어난 것과 부족하거나 필요한 것을 찾아봅니다.

2 위 두 나라가 부족하거나 필요한 것을 구하기 위해 무역을 할 때 서로 주고받는 것을 쓰시오.

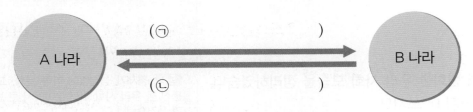

도움 두 나라는 서로 자신의 나라에서 풍족하거나 뛰어난 것은 수출하고, 부족하거나 필요한 것은 다른 나라에서 수입합니다.

3 위와 같이 나라 간에 무역이 이루어지는 까닭을 쓰시오.

_____

_____

도움 무역은 나라와 나라 사이에 물건과 서비스를 사고파는 것입니다.

동아출판 초등 무료 스마트러닝

동아출판 초등 **무료 스마트러닝**으로 쉽고 재미있게!

과목별·영역별 특화 강의

수학 개념 강의

국어 독해 지문 분석 강의

구구단 송

그림으로 이해하는 비주얼씽킹 강의

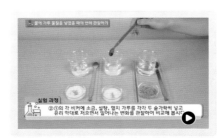

과학 실험 동영상 강의

과목별 문제 풀이 강의

서비스 제공 교재   큐브 | 백점 과학 | 빠작 초등 국어 | 초능력 | 초고필 | 하이탑 초등 과학

백점

사회 6·1

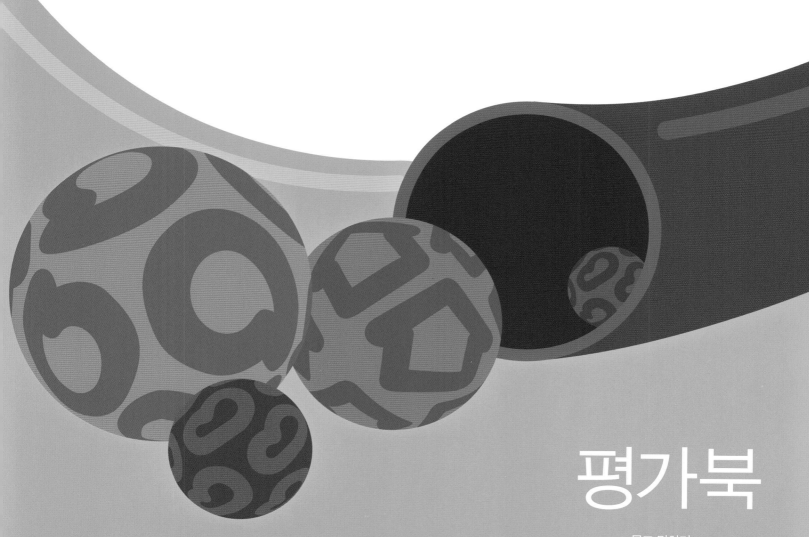

평가북

- 묻고 답하기
- 중단원 평가, 대단원 평가
- 수행 평가

동아출판

평가북 구성과 특징

1 **단원별 개념 정리**가 있습니다.
- **묻고 답하기:** 단원의 핵심 내용을 묻고 답하기로 빠르게 정리할 수 있습니다.

2 **단원별 다양한 평가**가 있습니다.
- **중단원 평가, 대단원 평가, 수행 평가:** 다양한 유형의 문제를 풀어봄으로써 수시로 실시되는 학교 시험을 완벽하게 대비할 수 있습니다.

백점

BOOK 2 평가북

차례

사회 **6·1**

✏ 빈칸에 알맞은 답을 쓰세요.

1 8·15 광복 이후 이승만이 초대 (   )(으)로 선출되었고, 민주주의에 대한 국민들의 기대가 커졌습니다.

2 1960년에 실시된 정부통령 선거에서 이승만 정부가 이기기 위해 불법적인 방법으로 실행한 선거는 무엇입니까?

3 새로운 정부가 들어선 지 1년도 되지 않아 (   )이/가 군인들을 동원해 5·16 군사 정변을 일으켜 정권을 잡았습니다.

4 박정희가 1972년 10월에 대통령이 될 수 있는 횟수를 제한하지 않는 등의 내용으로 바꾼 헌법을 무엇이라고 합니까?

5 박정희 정부가 붕괴된 후 국민은 민주적인 사회가 될 것이라고 기대했지만, (   )이/가 중심이 된 군인들이 또 정변을 일으켰습니다.

6 1980년에 5·18 민주화 운동이 일어난 지역은 어디입니까?

7 1987년 시민들과 학생들이 전두환 정부의 독재에 반대하고 대통령 직선제를 요구하며 전국에서 벌인 대규모 시위를 무엇이라고 합니까?

8 1987년 6월 당시 여당 대표였던 노태우가 직선제를 포함한 민주화 요구를 받아들이겠다고 발표한 선언은 무엇입니까?

9 주민이 직접 선출한 의원이나 단체장이 직무를 잘 수행하지 못했을 때 주민들이 투표로 그들을 자리에서 물러나게 하는 제도는 무엇입니까?

10 오늘날 시민들은 사회 (   )의 문제를 평화적이고 민주적인 방법으로 해결하고 있습니다.

✏️ 빈칸에 알맞은 답을 쓰세요.

1 우리나라의 첫 번째 대통령으로 헌법을 바꿔 가며 계속 대통령이 되어 독재 정치를 이어 나간 사람은 누구입니까?

2 3·15 부정 선거를 바로잡고 이승만 정부의 독재를 막기 위해 ( ) 혁명이 일어났습니다.

3 5·16 군사 정변은 박정희가 ( )들을 동원해 정권을 잡았던 사건입니다.

4 ( )은/는 1972년 10월에 대통령을 할 수 있는 횟수를 제한하지 않는다는 등의 내용이 담긴 유신 헌법을 공포했습니다.

5 전두환이 정변을 일으킨 후, 민주주의를 요구하는 시민들의 요구를 무시하고 탄압하자 1980년 전라남도 광주에서 일어난 대규모 시위는 무엇입니까?

6 5·18 민주화 운동은 부당한 정권에 맞서 ( )을/를 지키려는 시민들과 학생들의 의지를 보여주었습니다.

7 1987년에 민주화 운동에 참여했던 대학생 ( )이/가 강제로 경찰에 끌려가 고문을 받다가 사망한 사건이 발생했습니다.

8 6월 민주 항쟁 이후 1987년 제13대 대통령 선거는 ( )(으)로 시행되었습니다.

9 지역의 주민이 직접 선출한 지방 의회 의원과 지방 자치 단체장이 그 지역의 일을 처리하는 제도를 ( )(이)라고 합니다.

10 6월 민주 항쟁까지 시민들은 주로 ( )에 참여하는 방식으로 사회 공동의 문제를 해결했습니다.

1 아이스크림, 천재교육 외

다음 중 이승만 정부 시기에 있었던 일을 잘못 설명한 친구의 이름을 골라 쓰시오.

- 병주: 독재 정치가 이어졌어.
- 희수: 국민의 생활이 어려워졌어.
- 종섭: 정부가 부정부패를 저질렀어.
- 유현: 대통령 직선제가 간선제로 바뀌었어.
- 소정: 이승만이 헌법을 바꿔 가며 계속 대통령이 되었어.

( )

2 동아출판, 천재교과서 외

3·15 부정 선거의 방법으로 알맞지 않은 것은 어느 것입니까? ( )

① 투표 용지를 불태워 폐기했다.
② 유권자들에게 돈이나 물건을 주었다.
③ 조작된 투표용지를 넣어 투표함을 바꿨다.
④ 최대한 많은 사람이 자유롭게 투표하도록 지원했다.
⑤ 조를 짜서 투표하고, 조장은 조원들이 투표한 후보를 확인했다.

3 ➕ 11종 공통

다음에서 설명하는 사건은 무엇인지 쓰시오.

　이승만의 독재 정치와 3·15 부정 선거가 원인이 되어 짓밟힌 민주주의를 바로 세우고자 전국의 시민과 학생들이 거리로 나섰습니다.

( )

4 ➕ 11종 공통

다음 ㉠~㉣을 사건이 일어난 순서에 맞게 기호를 쓰시오.

㉠
▲ 이승만이 대통령 자리에서 물러났습니다.

㉡
▲ 4월 19일에 전국에서 시위가 일어났습니다.

㉢
▲ 3·15 부정 선거를 앞두고 대구에서 학생들의 시위가 일어났습니다.

㉣
▲ 마산에서 3·15 부정 선거를 비판하는 시위가 일어났습니다.

(　　) → (　　) → (　　) → (　　)

5 서술형 ➕ 11종 공통

4·19 혁명의 의의를 한 가지만 쓰시오.

_____

_____

6 ➕ 11종 공통

다음 대화에서 밑줄 친 이 사람은 누구인지 쓰시오.

4·19 혁명 이후 국민은 민주적인 사회를 기대하고 있었어.

그런데 새로운 정부가 들어선지 1년도 되지 않아 이 사람이 군인들을 동원해 정권을 잡았어.

( )

7 ➕ 11종 공통

다음 사진과 관련된 헌법에 대한 설명으로 알맞지 않은 것은 어느 것입니까? ( )

▲ 유신 헌법 공포식

① 독재 정치를 더 심하게 했다.
② 1972년 10월에 바꾼 헌법이다.
③ 대통령을 국민이 직접 뽑게 하였다.
④ 박정희 자신이 계속 대통령을 하려고 바꾼 헌법이다.
⑤ 대통령을 할 수 있는 횟수를 제한하지 않는다는 내용을 담고 있다.

8 ➕ 11종 공통

5·18 민주화 운동 당시 전두환이 한 행동으로 알맞은 것을 보기 에서 모두 골라 기호를 쓰시오.

보기

ㄱ 광주에 계엄군을 보냈다.
ㄴ 언론을 통해 민주화 운동을 널리 알렸다.
ㄷ 광주 사람들을 다른 지역으로 이동시켰다.
ㄹ 민주화 시위에 참여한 시민들과 학생들을 폭력적으로 진압했다.

( )

9 동아출판, 천재교육 외

다음 ( ) 안에 들어갈 알맞은 말을 쓰시오.

5·18 민주화 운동 기록물은 5·18 민주화 운동 과정을 생생하게 알려 준다는 점, 세계 여러 나라의 민주화 운동에 영향을 끼친 점 등을 인정받아 2011년 유네스코 ( )(으)로 등재되었습니다.

( )

10 ➕ 11종 공통

5·18 민주화 운동의 의의를 알맞게 말한 친구를 골라 ◯표 하시오.

(1) 강한 정부가 필요하다는 것을 보여 주었어.

(2) 민주주의를 지키려는 시민들과 학생들의 의지를 보여 주었어.

( ) ( )

11 ⊕ 11종 공통

전두환 정부에 대한 설명으로 옳은 것에는 ○표, 옳지 <u>않은</u> 것에는 ×표 하시오.

(1) 국민들의 알 권리를 막았습니다. ( )

(2) 민주주의를 요구하는 사람들의 의견을 받아들였습니다. ( )

(3) 신문이나 방송을 통제해 정부를 비판하는 내용은 내보내지 않았습니다. ( )

12 서술형 ⊕ 11종 공통

6월 민주 항쟁 당시 시민들과 학생들이 전두환 정부에 요구한 것은 무엇인지 쓰시오.

_____

_____

13 ⊕ 11종 공통

다음 사건들의 공통점을 두 가지 고르시오.
(,)

- 4·19혁명
- 5·18 민주화 운동
- 6월 민주 항쟁

① 민주화를 이루려는 노력이었다.
② 사건 이후 대통령이 자리에서 물러났다.
③ 국회 의원이 시위에 적극적으로 참여했다.
④ 대통령 간선제를 이루기 위한 노력이었다.
⑤ 시민의 정치 참여의 중요성을 잘 보여 주었다.

14 ⊕ 11종 공통

6·29 민주화 선언에 담긴 내용으로 알맞은 것을 보기 에서 모두 골라 기호를 쓰시오.

( )

15 ⊕ 11종 공통

1987년 6월 이후 우리 사회의 모습으로 옳지 <u>않은</u> 것은 어느 것입니까? ( )

① 지방 의회가 구성되었다.
② 대통령 직선제가 시행되었다.
③ 국회 의원들이 모여서 대통령을 뽑았다.
④ 지방 자치제가 완전하게 자리잡게 되었다.
⑤ 지역의 주민이 지방 의회 의원을 선출하였다.

16 서술형 ➕ 11종 공통

대통령 직선제, 지방 자치제의 시행으로 변화된 우리 사회의 모습을 두 가지 쓰시오.

_____

_____

17 비상교육 외

다음과 관련 있는 제도는 무엇인지 쓰시오.

○○신문　　　　　　20△△년 △△월 △△일

○○시, 주민 소환 투표 실시하다

　○○시는 지역 주민들이 반대하던 광역 화장장을 설치하려 했는데, 이에 반발한 주민들이 ○○시장과 시 의원 네 명을 대상으로 주민 소환 운동을 벌였다.

(　　　　　　　　)

18 ➕ 11종 공통

다음 (　) 안에 공통으로 들어갈 사건은 무엇입니까? (　)

　(　　)까지 시민들은 주로 대규모 집회에 참여하는 방식으로 사회 공동의 문제를 해결했지만, (　　) 이후에는 다양한 방식으로 사회 공동의 문제 해결에 참여하고 있습니다.

① 4·19 혁명　　　　② 6월 민주 항쟁
③ 3·15 부정 선거　　④ 5·16 군사 정변
⑤ 5·18 민주화 운동

19 ➕ 11종 공통

오늘날 시민들이 사회 공동의 문제 해결에 참여하는 방식으로 보기 <u>어려운</u> 것을 말한 친구를 골라 ○표 하시오.

(1) 1인 시위를 해.　　(　)

(2) 공청회에 참석해.　　(　)

(3) 정당에 가입해서 활동해.　　(　)

(4) 무력이 오고 가는 대규모 집회를 열어.　　(　)

20 ➕ 11종 공통

오늘날 시민들이 다음과 같이 다양한 방식으로 사회 공동의 문제 해결에 참여한 결과로 알맞은 것을 두 가지 고르시오. (　 , 　)

• 투표 하기
• 시민 단체 활동하기
• 누리 소통망 서비스(SNS)에 의견 올리기

① 사람들 사이에 교류가 점점 줄어들었다.
② 사람들의 정치에 대한 관심이 크게 줄어들었다.
③ 사회 공동의 문제를 민주적인 방법으로 해결하고 있다.
④ 더 많은 시민이 사회 공동의 문제를 해결하는 데 참여하게 되었다.
⑤ 문제 해결에 참여하기 위해 많은 사람이 다치거나 희생되기도 한다.

🖉 빈칸에 알맞은 답을 쓰세요.

1 사회생활을 하면서 사람들 사이의 의견 차이나 갈등을 해결하는 활동을 무엇이라고 합니까?

2 모든 국민이 나라의 주인으로서 권리를 갖고, 그 권리를 자유롭고 평등하게 행사하는 정치 제도를 (   )(이)라고 합니다.

3 민주주의 사회에서는 모든 사람이 태어나는 순간부터 인간으로서 존엄과 가치를 (   )받아야 합니다.

4 국민이 자신들을 대표할 사람을 직접 뽑는 것을 무엇이라고 합니까?

5 (   )의 원칙에 따라 선거일을 기준으로 만 18세 이상이면 원칙적으로 누구에게나 투표권을 줍니다.

6 투표는 자신이 직접 해야 한다는 민주 선거의 기본 원칙은 무엇입니까?

7 나와 다른 의견을 인정하고 포용하는 태도를 (   )(이)라고 합니다.

8 어떤 사실이나 의견의 옳고 그름을 따져 살펴보는 태도를 무엇이라고 합니까?

9 다수의 의견이 소수의 의견보다 합리적일 것이라고 가정하고 다수의 의견을 채택하는 방법은 무엇입니까?

10 민주적 의사 결정 원리에 따라 문제 해결 방안을 결정하는 과정에서는 충분한 대화와 (   )을/를 거쳐 타협을 해야 합니다.

✏ 빈칸에 알맞은 답을 쓰세요.

1 오늘날에는 모든 사람이 사회 공동의 문제 해결 과정에 (   )할 수 있습니다.

2 학급 회의에서 우리 반 규칙을 정한 것은 생활 속 (   )의 사례입니다.

3 민주주의 사회에서는 국가나 다른 사람들에게 구속받지 않고 자신의 의사를 스스로 결정할 수 있는 (   )을/를 인정받아야 합니다.

4 (   )은/는 선거와 국민 투표가 공정하게 이루어지도록 관리하는 독립된 기관입니다.

5 누구나 한 사람이 한 표씩만 행사할 수 있다는 민주 선거의 기본 원칙은 무엇입니까?

6 자신이 어떤 후보를 선택했는지 다른 사람에게 비밀로 하는 것은 민주 선거의 기본 원칙 중 (   )입니다.

7 민주주의를 실천하기 위해서 우리 주변의 문제에 관심을 가지고 이를 해결하기 위해 적극적으로 (   )하는 태도가 필요합니다.

8 민주주의를 실천하는 태도 중 서로의 입장에서 문제를 이해하고 상대방을 배려하여 협의하는 것을 무엇이라고 합니까?

9 다수의 의견이 항상 옳은 것은 아니기 때문에 (   )의 의견도 존중해야 합니다.

10 민주적 의사 결정 원리에 따라 해결 방안을 선정한 후에는 이를 (   )해야 합니다.

1 ⊕ 11종 공통

다음 (   ) 안에 들어갈 알맞은 말을 쓰시오.

> 사람들이 함께 살아가다 보면 여러 가지 문제가 생길 수 있습니다. 사회 생활을 하면서 이러한 사람들 사이의 의견 차이나 갈등을 해결하는 활동을 (   )(이)라고 합니다.

(   )

2 ⊕ 11종 공통

오늘날 국가의 정치에 참여할 수 있는 사람에 대한 설명으로 옳은 것은 어느 것입니까? (   )

① 남자만 정치에 참여할 수 있다.
② 모든 사람이 정치에 참여할 수 있다.
③ 왕이나 귀족들만 정치에 참여할 수 있다.
④ 재산의 정도에 따라 정치에 참여할 자격이 주어진다.
⑤ 여자나 외국인은 일정한 기간에만 정치에 참여할 수 있다.

3 ⊕ 11종 공통

다음에서 설명하는 것은 무엇입니까? (   )

> 모든 국민이 나라의 주인으로서 권리를 갖고, 그 권리를 자유롭고 평등하게 행사하는 정치 제도를 말합니다.

① 군주제   ② 공산주의
③ 민주주의   ④ 사회주의
⑤ 의원 내각제

4 ⊕ 11종 공통

다음 그림과 관련된 민주주의의 기본 정신을 보기 에서 골라 쓰시오.

보기
• 인간의 존엄성   • 자유   • 평등

(1) 우리는 태어날 때부터 존중받을 권리가 있어요.

(2) 가고 싶은 곳은 어디나 갈 수 있어요.

(   ) (   )

5 서술형 ⊕ 11종 공통

오늘날 국민들이 자신들을 대표할 사람을 직접 뽑는 선거를 하는 이유는 무엇인지 쓰시오.

_____

_____

6 ⊕ 11종 공통

민주 선거의 기본 원칙에 대한 설명을 선으로 알맞게 연결하시오.

(1) 보통 선거 •

(2) 평등 선거 •

• ㉠ 누구나 한 사람이 한 표씩만 행사할 수 있음.

• ㉡ 만 18세 이상 국민 누구나 투표할 수 있음.

7 ➕ 11종 공통

지원이의 의견에 대해 비판적 태도를 가진 친구를 찾아 이름을 쓰시오.

( )

8 ➕ 11종 공통

다수결의 원칙을 활용한 사례를 <u>잘못</u> 말한 친구를 골라 ○표 하시오.

(1) 학급 회장 선거를 할 때 사용해.
( )

(2) 양보와 타협으로 문제를 해결할 때 사용해.
( )

9 서술형 아이스크림, 천재교육 외

민주주의 사회에서 다음과 같은 문제를 해결하는 가장 바람직한 방법은 무엇인지 쓰시오.

> ○○시와 ★★시를 오가는 터널 건설 문제를 의논하기 위해 공청회가 열렸습니다. 공청회에 시장, 시청 공무원, 주민들이 참석해 이 문제를 어떻게 해결하면 좋을지 논의했습니다.

10 ➕ 11종 공통

다수결의 원칙에 대한 설명으로 알맞은 것을 보기 에서 모두 골라 기호를 쓰시오.

보기 ●
ㄱ 다수결의 원칙은 항상 옳은 방법이다.
ㄴ 모든 문제는 다수결의 원칙을 사용해 해결해야 한다.
ㄷ 다수결의 원칙을 사용할 때는 소수의 의견도 존중해야 한다.
ㄹ 다수의 의견이 소수의 의견보다 합리적일 것이라고 가정하고 다수의 의견을 채택하는 방법이다.

( )

11 ➕ 11종 공통

민주적 의사 결정 원리에 따라 문제를 해결하는 과정에서 가장 마지막에 이루어지는 일은 무엇입니까?

( )

① 공동의 문제가 무엇인지 알아본다.
② 결정된 공동의 문제 해결 방안을 실천한다.
③ 공동의 문제를 해결할 수 있는 방안을 결정한다.
④ 공동의 문제가 발생한 원인이 무엇인지 파악한다.
⑤ 공동의 문제를 해결할 수 있는 방안을 생각해본다.

12 동아출판, 천재교육 외

민주적 의사 결정 원리의 과정과 그 모습을 선으로 알맞게 연결하시오.

(1) 문제 해결 방안 탐색 •

• ㉠
투표 결과 쓰레기통을 추가로 설치하자는 의견이 채택되었습니다.

(2) 문제 해결 방안 결정 •

• ㉡
우리 지역의 쓰레기 문제를 해결하기 위한 의견을 말씀해 주세요.

✎ 빈칸에 알맞은 답을 쓰세요.

1 국민이 한 나라의 주인으로서 나라의 중요한 일을 스스로 결정하는 권리로, 나라의 주인인 국민 모두가 가지는 것은 무엇입니까?

2 우리나라에서는 4년마다 선거를 통해 국민의 대표인 (   )을/를 선출합니다.

3 국회에서는 법을 만드는 일을 하며, 법을 고치거나 없애기도 한다는 점에서 (   )(이)라고 부르기도 합니다.

4 (   )은/는 국회에서 만든 법에 따라 나라의 살림을 맡아 하는 곳입니다.

5 외국에 대해 우리나라를 대표하며, 행정부의 최고 책임자로 나라의 중요한 일을 결정하는 사람은 누구입니까?

6 (   )은/는 행정부의 주요 정책을 심의하는 최고의 심의 기관입니다.

7 우리나라의 국토를 개발하는 일을 담당하는 행정부 부처는 어디입니까?

8 법에 따라 재판을 하는 국가 기관을 무엇이라고 합니까?

9 우리나라에서는 (   )한 재판을 위해 특정한 경우를 제외한 모든 재판을 공개합니다.

10 삼권 분립은 국가 권력을 (   ), 행정부, 법원이 나누어 맡는 것입니다.

빈칸에 알맞은 답을 쓰세요.

1 (   )은/는 국민이 한 나라의 주인으로서 나라의 중요한 일을 스스로 결정하는 권리를 말합니다.

2 국민의 대표인 국회 의원이 나라의 중요한 일을 의논하고 결정하는 국가 기관은 무엇입니까?

3 국회에서는 행정부가 법에 따라 일을 잘하고 있는지 확인하려고 (   )을/를 합니다.

4 대통령이 외국을 방문하거나 특별한 이유로 일하지 못하면 대통령의 임무를 대신하는 사람은 누구입니까?

5 (   )은/는 우리나라를 지키고 국민을 보호하는 행정부 부처입니다.

6 (   )은/는 개인과 국가, 지방 자치 단체 사이에서 생긴 갈등을 해결해 줍니다.

7 법률이 헌법에 어긋나지 않는지 판단하는 국가 기관은 무엇입니까?

8 우리나라에서는 국민이 공정한 재판을 받을 수 있도록 한 사건에 원칙적으로 몇 번까지 재판을 받을 수 있습니까?

9 국가 기관이 권력을 나누어 가지고 서로 감시하는 민주 정치의 원리는 무엇입니까?

10 한 기관이 국가의 중요한 일을 마음대로 처리할 수 없도록 서로 견제하고 (   )을/를 이루게 하기 위해서 삼권 분립을 합니다.

1 ⊕ 11종 공통

다음 (　　) 안에 들어갈 알맞은 말을 쓰시오.

> **대한민국 헌법**
>
> 제1조 제2항
> 대한민국의 (　　　)은/는 국민에게 있고, 모든 권력은 국민으로부터 나온다.

(　　　　　　　)

2 ⊕ 11종 공통

우리나라 헌법에 국민 주권이 명시되어 있는 것이 가지는 의미는 무엇입니까? (　　　)

① 헌법이 최고의 법이다.
② 국민 주권은 강제력이 없다.
③ 국민 주권을 대통령이 제한할 수 있다.
④ 국가가 함부로 국민의 권리를 침해할 수 없다.
⑤ 국민의 자유와 권리를 헌법으로 제한할 수 있다.

3 서술형 ⊕ 11종 공통

다음 사진을 참고하여 우리나라 정치 발전 과정에서 국민 주권을 지키려는 노력을 찾아볼 수 있는 사건을 두 가지 쓰시오.

[4-5] 다음 사진을 보고, 물음에 답하시오.

4 ⊕ 11종 공통

위 건물의 이름은 무엇입니까? (　　　)

① 경복궁　　　　　　② 백악관
③ 청와대　　　　　　④ 국회 의사당
⑤ 정부 세종 청사

5 ⊕ 11종 공통

다음에서 설명하는 위 건물과 관련 있는 국가 기관은 무엇입니까? (　　　)

> 국민의 대표인 국회 의원들이 모여 법률, 예산 등과 관련된 중요한 일을 결정하는 곳입니다.

① 국회　　　　　　② 법원
③ 행정부　　　　　④ 지방 의회
⑤ 지방 자치 단체

6 ⊕ 11종 공통

국회에서 다음과 같은 일을 하는 까닭은 무엇입니까? (　　　)

> 행정부에서 계획한 예산안을 살펴보고, 이미 사용한 예산이 잘 쓰였는지를 검토합니다.

① 남은 예산을 국회에서 써야하기 때문에
② 국민이 세금을 잘 내는지 알 수 있기 때문에
③ 국민이 낸 세금으로 예산이 마련되기 때문에
④ 국회 의원들이 예산을 보충해야 하기 때문에
⑤ 국회에서 다음 예산안을 계획해야 하기 때문에

7 ➕ 11종 공통

국회에서 하는 일 중 다음과 같은 일을 무엇이라고 하는지 쓰시오.

국회에서는 행정부가 법에 따라 일을 잘하고 있는지 감독하는 일을 하는데, 잘못한 일이 있으면 바로잡도록 요구합니다.

(   )

8 ➕ 11종 공통

다음 ㈎, ㈏와 같은 일을 하는 사람이 알맞게 짝지어진 것은 어느 것입니까? (   )

㈎ 행정부의 최고 책임자로 나라의 중요한 일을 결정합니다.
㈏ 대통령을 도와 각 부를 관리하고, 대통령이 외국을 방문하거나 특별한 이유로 일하지 못하면 대통령의 임무를 대신합니다.

	㈎	㈏
①	대통령	국회 의장
②	대통령	국무총리
③	국무총리	국세청장
④	국무총리	국회 의장
⑤	국회 의장	국무총리

9 서술형 ➕ 11종 공통

다음과 같은 회의를 하는 국가 기관이 하는 일은 무엇인지 쓰시오.

_____

_____

10 ➕ 11종 공통

행정부의 각 부에서 하는 일을 선으로 알맞게 연결하시오.

(1) 교육부 • • ㉠ 기상을 관측해 날씨를 알려 줌.

(2) 기상청 • • ㉡ 국민의 교육에 관한 일을 책임짐.

(3) 문화 체육 관광부 • • ㉢ 우리나라의 문화와 체육 발전을 위해 힘씀.

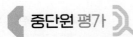

11 ➕ 11종 공통

법원에 대한 설명으로 옳은 것은 어느 것입니까?
( )

① 법에 따라 재판을 한다.
② 국가를 다스리는 법을 만든다.
③ 국회나 행정부보다 권력이 세다.
④ 나라 살림에 필요한 예산안을 짠다.
⑤ 개인 사이에 벌어진 다툼만을 판결한다.

12 ➕ 11종 공통

다음과 관련 있는 법원에서 하는 일은 무엇입니까?
( )

① 사람들 사이의 다툼을 해결한다.
② 법을 지키지 않는 사람을 처벌한다.
③ 개인과 국가 사이의 갈등을 해결한다.
④ 나라의 예산이 제대로 쓰이는지 감시한다.
⑤ 지방 자치 단체들끼리 생긴 문제를 해결한다.

13 ➕ 11종 공통

법원에서 하는 일에 대해 **잘못** 설명한 친구를 골라 ○표 하시오.

(1) 법에 따라 나라 살림을 맡아서 하는 곳이야.
( )

(2) 개인과 국가, 지방 자치 단체 사이에서 생긴 갈등을 해결해 주는 곳이야.
( )

14 서술형 ➕ 11종 공통

법원에서 한 사건에 원칙적으로 세 번까지 재판을 받을 수 있도록 하는 까닭을 쓰시오.

_____

_____

15 비상교과서, 비상교육 외

다음과 같은 일이 일어난 까닭은 무엇입니까?
( )

루이 14세 시기 프랑스 백성들은 세상에서 가장 크고 화려한 베르사유 궁전을 짓는 공사에 동원되어 사고로 다치거나 죽기도 했어요. 하지만, 아무도 루이 14세의 결정을 말릴 수가 없었어요.

▲ 루이 14세

① 신분 제도가 없었기 때문에
② 백성들이 왕을 좋아했기 때문에
③ 귀족들이 왕을 선출하였기 때문에
④ 왕에게 권력이 집중되어 있었기 때문에
⑤ 나라 예산을 감시하는 기관이 있었기 때문에

[16-18] 다음을 보고, 물음에 답하시오.

16 ⊕ 11종 공통

다음 ㉠에 들어갈 국가 기관은 무엇인지 쓰시오.

(   )

17 ⊕ 11종 공통

위와 같이 국가 기관이 권력을 나누어 가지고 서로 감시하는 민주 정치의 원리를 무엇이라고 하는지 쓰시오.

(   )

18 ⊕ 11종 공통

위와 같이 국가 기관의 권력을 나누는 까닭은 무엇입니까? (   )

① 대통령에게 강한 힘을 실어 주기 위해서
② 국가 기관에서 일하는 사람의 수를 줄이기 위해서
③ 국민들이 국가가 하는 일에 관여하지 못하도록 하기 위해서
④ 각 국가 기관이 서로 어떤 일을 하는지 알지 못하게 하기 위해서
⑤ 한 기관이 국가의 중요한 일을 마음대로 처리할 수 없도록 하기 위해서

19 ⊕ 11종 공통

대형 할인점이 휴무일을 정해 쉬기까지 과정에서 밑줄 친 일을 한 국가 기관은 무엇입니까? (   )

> **1** 언론에서 전통 시장 상인들이 겪고 있는 여러 가지 어려움을 전했습니다.

> **2** 전통 시장 상인들을 보호해야 한다는 여론이 형성되자, 국회에서 공청회가 열렸습니다.

> **3** 전통 시장 상인들을 보호하는 법을 만들었습니다.

① 국회　　　　　　② 법원
③ 외교부　　　　　④ 행정부
⑤ 헌법 재판소

20 ⊕ 11종 공통

일상생활 속 갈등을 해결하는 과정에서 일어날 수 있는 일로 알맞지 <u>않은</u> 것은 무엇입니까? (   )

① 법원은 갈등에 대한 옳고 그름을 판단한다.
② 국회에서 갈등을 해결할 수 있는 법을 만든다.
③ 국회는 국민의 의견을 듣기 위해 공청회를 연다.
④ 국회는 행정부가 추진하는 일에 무조건 찬성한다.
⑤ 국회, 행정부, 법원 등 국가 기관이 국민의 자유와 권리를 보호하기 위해 노력한다.

1 ⊕ 11종 공통

다음에서 설명하는 사건은 무엇인지 쓰시오.

> 이승만 정부가 1960년 3월 15일에 예정된 정부통령 선거에서 이기기 위해 계획하여 실행한 일로, 그 결과 선거에서 이겼습니다.

(   )

2 ⊕ 11종 공통

다음 ㉠, ㉡에 들어갈 사람이 알맞게 짝지어진 것은 어느 것입니까? (   )

> • 4·19 혁명 이후 국민은 민주적인 사회를 기대했지만 (㉠)은/는 군인들을 동원해 정권을 잡았습니다.
> • 1979년 (㉠)이/가 부하에게 살해되고 국민은 민주주의 사회가 될 것이라고 기대했지만, (㉡)이/가 중심이 된 군인들이 또 정변을 일으켰습니다.

	㉠	㉡		㉠	㉡
①	이승만	박정희	②	이승만	전두환
③	박정희	전두환	④	전두환	이승만
⑤	전두환	박정희			

3 ⊕ 11종 공통

다음에서 설명하는 사건은 무엇입니까? (   )

> 1980년 5월 전라남도 광주에서 대규모 민주화 시위가 일어나자 전두환은 계엄군을 보내 폭력적으로 시위를 진압하였습니다.

① 4·19 혁명   ② 6월 민주 항쟁
③ 5·16 군사 정변   ④ 5·18 민주화 운동
⑤ 6·29 민주화 선언

[4-5] 다음을 보고, 물음에 답하시오.

1987년 6월, 시민들과 학생들이 전두환 정부의 독재에 반대하며 전국 곳곳에서 시위를 벌였습니다.

4 ⊕ 11종 공통

위에서 설명하는 사건은 무엇인지 쓰시오.

(   )

5 ⊕ 11종 공통

위의 시위에서 사람들이 요구한 것을 보기 에서 모두 골라 기호를 쓰시오.

> 보기
> ㉠ 고문 추방   ㉡ 종교의 자유
> ㉢ 대통령 직선제   ㉣ 나라 경제 성장

(   )

6 ⊕ 11종 공통

다음 ㉠~㉣을 사건이 일어난 순서대로 기호를 쓰시오.

> ㉠ 4·19 혁명   ㉡ 6월 민주 항쟁
> ㉢ 5·18 민주화 운동   ㉣ 6·29 민주화 선언

(   ) → (   ) → (   ) → (   )

7 ➕ 11종 공통

6·29 민주화 선언의 내용으로 알맞은 것에 ○표, 틀린 것에 ×표 하시오.

(1) 대통령을 국민이 직접 뽑을 수 있어. ○○동 투표소 (   )

(2) 사는 지역이 다르지만 친하게 지내야 해요. (   )

(3) 뉴스 / 뉴스는 정부를 비판하는 내용을 내보내지 않아요. (   )

(4) ☆☆시 정기 회의 / 우리 지역의 일은 우리가 더 잘 결정할 수 있어요. (   )

8 서술형 ➕ 11종 공통

6월 민주 항쟁까지 시민들은 주로 어떤 방식으로 사회 공동의 문제 해결에 참여했는지 쓰시오.

_____

_____

9 ➕ 11종 공통

생활 속 정치의 예로 알맞지 <u>않은</u> 것은 어느 것입니까? (   )

① 선거로 학급 회장을 뽑는다.

② 수업에 필요한 준비물을 준비한다.

③ 학교에서 지켜야 하는 규칙을 정한다.

④ 주민 회의를 열어 주차 문제를 해결한다.

⑤ 나들이 장소를 정하는 주제로 가족회의를 한다.

10 ➕ 11종 공통

민주주의의 기본 정신에 대한 설명으로 알맞은 것을 두 가지 고르시오. (,   )

① 모든 사람이 평등하게 대우받지는 않는다.

② 국가는 언제나 개인의 자유를 구속할 수 있다.

③ 자신의 자유를 위해 다른 사람의 자유를 침해해도 된다.

④ 모든 사람이 태어나는 순간부터 인간으로서 존엄과 가치를 존중받아야 한다.

⑤ 다른 사람들에게 구속받지 않고 자신의 의사를 스스로 결정할 자유를 인정받아야 한다.

11 ➕ 11종 공통

민주 선거의 기본 원칙 중 보통 선거에 대해 말한 친구의 이름을 쓰시오.

투표는 내가 직접 해야 해요. ▲ 정원

누구나 한 사람이 한 표씩만 행사할 수 있어요. ▲ 채영

누구에게 투표했는지 다른 사람이 알 수 없어요. ▲ 해린

선거일을 기준으로 만 18세 이상의 국민이면 누구나 투표할 수 있어요. ▲ 수빈

(   )

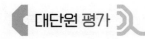
12 비상교육, 천재교과서 외

다음과 같은 기관에 대한 설명으로 알맞은 것은 어느 것입니까? (   )

▲ 선거 관리 위원회

① 국회 의원으로 구성되어 있다.

② 돈을 받고 선거권을 판매한다.

③ 국민을 대신해 대표를 뽑는다.

④ 부정 선거가 일어나는지 감시한다.

⑤ 지위가 높은 사람이 원하는 선거 결과를 만든다.

13 ➕ 11종 공통

민주주의를 실천하는 바람직한 태도와 그 뜻을 선으로 알맞게 연결하시오.

(1)	관용	•		•	㉠	상대방과 서로 협의하는 것
(2)	타협	•		•	㉡	나와 다른 의견을 인정하고 포용하는 태도
(3)	비판적 태도	•		•	㉢	사실이나 의견의 옳고 그름을 따져 살펴보는 태도

14 ➕ 11종 공통

다음 (   ) 안에 들어갈 알맞은 말을 두 가지 고르시오 (,   )

> 민주주의 사회에서 문제를 해결하는 가장 좋은 방법은 문제를 해결하는 데 참여하여 자신의 의견을 제시하고 (   )(으)로 의견 차이를 좁혀 가는 것입니다.

① 대화   ② 무시   ③ 비난
④ 침묵   ⑤ 토론

15 서술형 ➕ 11종 공통

대한민국 헌법에 다음과 같은 조항이 담긴 의미를 국민의 권리와 관련 지어 쓰시오.

대한민국 헌법

제1조 제2항
대한민국의 주권은 국민에게 있고, 모든 권력은 국민으로부터 나온다.

_____

_____

16 ⊕ 11종 공통

다음 중 국회에서 하는 일이 <u>아닌</u> 것은 어느 것입니까? (   )

① 법을 만드는 일
② 법을 고치거나 없애는 일
③ 법에 따라 나라의 살림을 맡아 하는 일
④ 나라의 살림에 필요한 예산을 심의하여 확정하는 일
⑤ 행정부에서 법에 따라 일을 잘하고 있는지 확인하는 일

17 ⊕ 11종 공통

다음과 같은 일을 하는 사람은 누구인지 쓰시오.

> 대통령을 도와 각 부를 관리해요.
> 대통령이 외국을 방문하거나 특별한 이유로 일하지 못하면 대통령의 임무를 대신하죠.

(   )

18 ⊕ 11종 공통

다음과 같은 모습을 볼 수 있는 곳은 어디입니까?
(   )

> 층간 소음 때문에 너무 힘들어요.

> △△씨가 정신적 피해를 입은 만큼 배상하세요.

① 국회   ② 법원   ③ 학교
④ 청와대   ⑤ 행정부

19 ⊕ 11종 공통

법원에서 공정한 재판을 위해 하는 노력으로 알맞은 것을 보기 에서 모두 골라 기호를 쓰시오.

보기 ●
㉠ 법원이 행정부나 국회에서 독립되어 있다.
㉡ 한 사건에 원칙적으로 한 번만 재판받을 수 있다.
㉢ 재판의 과정과 결과를 사람들에게 절대 알려 주지 않는다.
㉣ 법관은 헌법과 법률에 따라 공정하게 판결을 내려야 한다.

(   )

20 서술형 ⊕ 11종 공통

오늘날 우리나라의 권력 분립은 어떻게 이루어지고 있는지 쓰시오.

_____

_____

평가 주제	시민들의 민주화에 대한 의지와 노력 설명하기
평가 목표	우리나라 민주주의의 발전 과정에 대해서 설명할 수 있다.

[1-3] 다음 연표를 보고, 물음에 답하시오.

1960년	㉠4월 19일, 시민들과 학생들이 이승만 정부의 독재와 부정 선거로 짓밟힌 민주주의를 바로 세우고자 거리로 나섰습니다.
↓	
1961년	5월 16일, 박정희가 군인들을 동원해 정권을 잡았습니다.
↓	
1979년	박정희가 부하에게 살해되고, 전두환이 중심이 된 군인들이 정변을 일으켰습니다.
↓	
1980년	(㉡)에서 민주화를 요구하며 대규모 시위가 일어났습니다.
↓	
1987년	6월, 시민들과 학생들이 전두환 정부의 독재에 반대하고 대통령 직선제를 요구하며 전국에서 크게 시위를 했고, 그 결과 _____㉢_____

1 위 ㉠과 같은 사건을 무엇이라고 하는지 쓰시오.

( )

2 위 ㉡에 들어갈 시위가 일어난 지역은 어디인지 쓰시오.

( )

3 위 ㉢에 들어갈 6월 민주 항쟁의 성과는 무엇입니까?

_____

_____

평가 주제	민주적 의사 결정 원리 설명하기
평가 목표	다수결의 원칙의 좋은 점과 주의할 점에 대해서 설명할 수 있다.

[1-3] 다음을 보고, 물음에 답하시오.

▲ 일상생활에서의 의사 결정

▲ 선거로 대표 결정

▲ 학급 회의로 안건 결정

1 위 ㉠에 들어갈 말로, 다수의 의견이 소수의 의견보다 합리적일 것이라고 가정하고 다수의 의견을 채택하는 방법을 무엇이라고 하는지 쓰시오.

(   )

2 위와 같은 방법으로 문제를 해결하면 좋은 점은 무엇인지 쓰시오.

_____

_____

3 위와 같은 방법으로 문제를 해결할 때 주의해야 할 점은 무엇인지 한 가지만 쓰시오.

_____

_____

✏ 빈칸에 알맞은 답을 쓰세요.

1 생산 활동과 소비 활동을 하며 가정 살림을 함께하는 생활 공동체를 무엇이라고 합니까?

2 (　　　　)은/는 사람들이 생활에 필요한 물건이나 서비스를 생산해 시장에 공급합니다.

3 기업은 사람들에게 (　　　　)을/를 제공하고 가계는 기업의 생산 활동에 참여합니다.

4 합리적 선택이란 품질, 디자인, 가격 등을 고려해 가장 적은 비용으로 큰 (　　　　)을/를 얻을 수 있도록 선택하는 것입니다.

5 기업은 보다 많은 (　　　　)을/를 얻기 위해 합리적 선택을 합니다.

6 물건이나 서비스를 사고파는 곳으로, 가계와 기업이 만나는 곳을 무엇이라고 합니까?

7 전통 시장과 홈 쇼핑 중 물건을 직접 보고 비교하며 살 수 있는 시장은 무엇입니까?

8 개인은 자신의 능력과 적성에 따라 직업을 선택할 (　　　　)이/가 있습니다.

9 기업은 더 많은 이윤을 얻으려고 다른 기업과 서로 (　　　　)합니다.

10 (　　　　)와/과 시민 단체는 불공정한 기업의 활동을 감시하는 등 경제활동이 바람직하게 이루어질 수 있도록 여러 가지 노력을 합니다.

✏ 빈칸에 알맞은 답을 쓰세요.

1 가계는 기업의 생산 활동에 참여하고 그 대가로 ( )을/를 얻습니다.

2 사람들이 생활하는 데 필요한 물건을 만들어 판매하거나 서비스를 제공해 이윤을 얻는 경제 주체는 무엇입니까?

3 가계는 소득의 범위 안에서 ( ) 비용으로 가장 큰 만족을 얻도록 합리적 선택을 합니다.

4 ( )은/는 적은 비용으로 많은 이윤을 얻을 수 있도록 합리적 선택을 합니다.

5 가계와 기업은 ( )에서 물건이나 서비스를 거래합니다.

6 대형 할인점과 인터넷 쇼핑 중 직접 가지 않아도 언제 어디서나 물건을 살 수 있는 시장은 무엇입니까?

7 주식 거래가 이루어지는 시장을 무엇이라고 합니까?

8 우리나라에서는 경제활동으로 얻은 소득을 자신의 결정에 따라 ( )롭게 사용할 수 있습니다.

9 개인은 더 좋은 일자리를 얻으려고 다른 사람과 서로 ( )을/를 하기도 합니다.

10 자유롭게 ( )하는 경제활동을 통해 소비자는 다양한 상품을 살 수 있습니다.

1 ➕ 11종 공통

다음 보기 를 생산 활동과 소비 활동으로 나누어 각각 기호를 쓰시오.

> 보기
> ㉠ 공장에서 물건을 만드는 일
> ㉡ 음식점에서 음식을 사 먹는 일
> ㉢ 문구점에서 학용품을 판매하는 일
> ㉣ 놀이동산에서 놀이 기구를 타는 일

(1) 생산 활동: (   )
(2) 소비 활동: (   )

2 ➕ 11종 공통

다음 (   ) 안에 공통으로 들어갈 말을 쓰시오.

> (   )(이)란 가정 살림을 함께하는 생활 공동체로, (   )은/는 기업의 생산 활동에 참여하고 기업에서 만든 물건을 구입합니다.

(   )

3 ➕ 11종 공통

기업에서 하는 일을 두 가지 고르시오. (,   )

① 가계의 생산 활동에 참여한다.
② 사람들에게 일자리를 제공한다.
③ 소득으로 필요한 물건을 구입한다.
④ 생산 활동의 대가로 소득을 잃는다.
⑤ 물건을 생산해 판매하거나 서비스를 제공해 이윤을 얻는다.

4 서술형 미래엔, 천재교육 외

다음 그림을 보고, 가계와 기업이 시장에서 하는 일을 쓰시오.

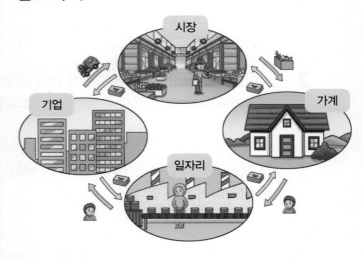

_____

_____

5 ➕ 11종 공통

가계가 합리적 소비를 하기 위해 고려해야 할 점을 알맞게 설명하지 <u>못한</u> 친구는 누구입니까? (   )

① 무조건 유명한 회사의 물건을 사야 해.

② 좋은 물건을 사기 위해 고려해야 할 선택 기준을 세워야 해.

③ 어떤 물건을 먼저 살 것인지 우선순위를 정해야 해.

④ 선택 기준에 따라 여러 물건을 평가해서 가장 좋은 것을 선택해야 해.

6 ➕ 11종 공통

사려는 물건의 품질과 디자인이 비슷할 경우 어떤 물건을 선택하는 것이 가장 합리적인 선택이라고 할 수 있습니까? (　　　)

① 가격이 가장 비싼 물건
② 광고를 가장 많이 하는 물건
③ 상점의 직원이 추천하는 물건
④ 다른 친구가 가지고 있는 물건
⑤ 적은 비용으로 큰 만족감을 주는 물건

7 서술형 ➕ 11종 공통

다음 대화를 통해 알 수 있는 합리적 선택의 특징을 쓰시오.

> • 하연: 나는 같은 가격이면 가격이 가장 싼 물건을 사고 싶어.
> • 제인: 나는 디자인이 가장 중요해. 비싸더라도 디자인이 예쁜 물건을 사고 싶어.

_____

_____

8 ➕ 11종 공통

기업의 합리적 선택에 대한 설명으로 알맞은 것을 보기 에서 골라 기호를 쓰시오.

┌─ 보기 ●─────────────────
│ ㉠ 이윤을 가장 적게 내는 것
│ ㉡ 사람들이 원하는 것을 모두 생산하는 것
│ ㉢ 가장 적은 비용으로 가장 많은 이윤을 내는 것
│ ㉣ 비용이 많이 들더라도 가장 비싼 물건을 생산하는 것
└─────────────────────────

(　　　　　　　)

9 비상교과서, 아이스크림 외

자전거를 만드는 제조 회사 수가 다음 그래프와 같이 변화했을 때 자전거를 만드는 회사가 할 수 있는 합리적 선택을 두 가지 고르시오. (　　,　　)

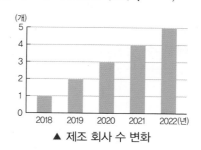
▲ 제조 회사 수 변화

① 신제품을 개발한다.
② 자전거의 생산을 중단한다.
③ 생산 비용보다 더 싸게 자전거를 판매한다.
④ 다른 회사의 자전거 가격보다 더 비싸게 자전거를 판매한다.
⑤ 다른 회사의 자전거보다 더 좋은 점을 홍보하는 광고를 만든다.

10 ➕ 11종 공통

기업이 합리적 선택을 해야 하는 까닭을 알맞게 설명한 친구를 골라 ○표 하시오.

(1) 보다 많은 이윤을 얻기 위해서야.

(2) 보다 많은 비용을 쓰기 위해서야.

(　　　) 　　　 (　　　)

11 미래엔, 천재교과서 외

다음 밑줄 친 '이곳'은 어디인지 쓰시오.

> • 이곳은 물건이나 서비스를 사고파는 곳으로 가계와 기업은 이곳에서 만납니다.
> • 이곳에서 여러 기업에서 만든 다양한 물건이나 서비스를 구매할 수 있습니다.

(   )

12 금성출판사, 비상교과서 외

시장에서 가계와 기업이 하는 일을 선으로 알맞게 연결하시오.

(1) 가계 •

(2) 기업 •

• ㉠ 필요한 물건을 더 싸게 사려고 노력함.

• ㉡ 더 많은 이윤을 얻으려고 다양한 물건을 만들어 제공함.

13 서술형   금성출판사, 비상교과서 외

다음 시장을 이용하여 물건을 살 때의 좋은 점을 쓰시오.

> • 전통 시장   • 대형 할인점

_____

_____

14 비상교육, 천재교육 외

다음 중 물건이 아닌 것을 사고파는 시장은 어느 것입니까? (   )

①
▲ 홈 쇼핑

②
▲ 전통 시장

③
▲ 주식 시장

④
▲ 인터넷 쇼핑

15 ➕ 11종 공통

다음 그림을 통해 알 수 있는 우리나라 경제의 특징을 두 가지 고르시오. (,   )

어떤 직업을 가질까?

어떤 빵을 만들까?

① 자유롭게 경제활동을 한다.
② 함부로 직업을 바꿀 수 없다.
③ 소득을 무조건 저축해야 한다.
④ 자유롭게 직업을 선택할 수 있다.
⑤ 기업은 일자리를 제공할 필요가 없다.

16 ✚ 11종 공통

다음 그림에 나타난 사람들이 경쟁하는 까닭은 무엇입니까? (   )

자신의 장점을 말해 보세요.

심사위원

① 저축을 하기 위해서
② 더 많은 물건을 팔기 위해서
③ 더 많은 세금을 내기 위해서
④ 더 좋은 일자리를 얻기 위해서
⑤ 원하는 물건을 더 싼 가격에 사기 위해서

17 ✚ 11종 공통

다음 밑줄 친 '도움'으로 알맞지 않은 것은 어느 것입니까? (   )

> 우리나라 경제의 특징은 자유와 경쟁입니다. 자유롭게 경쟁하는 경제활동은 우리 생활에 도움이 됩니다.

① 국가 전체의 경제가 발전한다.
② 소비자가 원하는 조건의 물건을 살 수 있다.
③ 소비자가 기업에게서 좋은 서비스를 받을 수 있다.
④ 개인은 자신의 재능과 능력을 더 잘 발휘할 수 있다.
⑤ 하나의 기업에서 같은 제품을 독점해서 생산할 수 있다.

18 서술형   비상교육, 아이스크림 외

다음 인터넷 뉴스 기사에 나타난 ○○ 회사의 불공정한 행동은 무엇인지 쓰시오.

> ○○ 회사에서 만든 ◇◇ 쌀과자의 원료에 실제로 쌀이 전혀 들어가 있지 않다는 사실이 드러났다. ○○ 회사는 ◇◇ 쌀과자를 100% 쌀로 만든 건강한 과자라고 광고했고, 이 광고를 믿고 과자를 산 소비자에게 피해를 주었다.

_____

_____

19 ✚ 11종 공통

다음에서 설명하는 국가 기관은 무엇인지 쓰시오.

> • 공정하고 자유로운 경쟁을 보장하기 위해 만든 국가 기관입니다.
> • 공정한 경쟁을 방해하는 행위를 처벌하고, 소비자에게 피해를 주는 행위를 감시합니다.

(   )

20 ✚ 11종 공통

경제활동이 공정하게 이루어질 수 있도록 정부와 시민 단체에서 하는 노력을 알맞게 설명한 친구를 모두 골라 이름을 쓰시오.

> • 지훈: 허위·과장 광고를 하지 못하도록 감시하고 있어.
> • 진영: 기업끼리 가격을 상의해 올릴 수 있도록 지원하고 있어.
> • 다영: 많은 회사가 제품을 만들어 팔 수 있도록 지원하고 있어.

(   )

2
단원

빈칸에 알맞은 답을 쓰세요.

1 1950년대에는 생활에 필요한 물품을 만드는 식료품 공업, 섬유 공업 등 (　　　) 산업이 주로 발전했습니다.

2 식료품, 섬유, 종이 등 비교적 가벼운 물건을 만드는 산업을 무엇이라고 합니까?

3 1973년 정부는 국가 경제를 획기적으로 발전시키려고 (　　　) 공업 육성 계획을 발표했습니다.

4 1970년대 기업들이 대형 선박을 만드는 기술력을 세계에서 인정받으면서 (　　　) 산업은 우리나라의 수출을 이끄는 산업으로 성장했습니다.

5 1980년대 이후 우리나라의 산업 구조가 (　　　)에서 중화학 공업 중심으로 바뀌면서 세계적으로 우수한 제품을 생산할 수 있게 되었습니다.

6 1990년대 후반부터 정부와 기업은 정보화 사회의 경제 발전을 위해 전국에 걸쳐 초고속 (　　　)을/를 만들었습니다.

7 문화 콘텐츠 산업, 관광 산업 등 사람들에게 즐거움을 주고 삶을 편리하게 해 주는 산업은 무엇입니까?

8 우리나라의 영화, 드라마, 대중가요 등 우리 문화가 전세계로 퍼지는 현상을 무엇이라고 합니까?

9 경제 성장 과정에서 잘사는 사람과 그렇지 못한 사람의 (　　　) 격차가 더욱 커졌습니다.

10 급격한 경제 성장으로 우리 주변의 환경은 급속도로 (　　　)되었고 에너지 자원도 부족해졌습니다.

🖊 빈칸에 알맞은 답을 쓰세요.

1 1950년대에는 농업 중심의 산업 구조를 (　　　) 중심의 산업 구조로 변화시키려고 노력했습니다.

2 경제 발전을 위해 정부의 주도로 1962년부터 1986년까지 5년 단위로 추진한 경제 계획은 무엇입니까?

3 1960년대에 기술과 자본은 부족했지만 노동력은 풍부했기 때문에 섬유, 신발, 가발 등과 같은 제품을 만드는 (　　　)이/가 발전했습니다.

4 철, 배, 자동차 등 무거운 제품이나 플라스틱, 고무 제품, 화학 섬유 제품을 생산하는 산업을 무엇이라고 합니까?

5 (　　　)년대에는 자동차 산업, 전자 산업, 기계 산업이 크게 성장했습니다.

6 1990년대에는 컴퓨터와 가전제품의 생산이 늘어나면서 핵심 부품인 (　　　)을/를 만드는 산업이 발달했습니다.

7 1990년대 후반 전국에 걸쳐 초고속 정보 통신망이 생기면서 발달한 산업은 무엇입니까?

8 우주 항공 산업, 신소재 산업, 생명 공학 산업과 같이 고도의 기술이 필요한 산업은 무엇입니까?

9 빈부 격차 문제를 해결하기 위해 (　　　)에서 가난한 사람들에게 생계비, 양육비, 학비 등을 지원합니다.

10 경제 성장 과정에서 노동자와 기업 경영자 간의 (　　　)이/가 확산되는 문제점이 나타났습니다.

1 서술형 ⊕ 11종 공통

다음과 같은 상황을 극복하기 위해 우리나라가 어떤 노력을 했는지 쓰시오.

> 6·25 전쟁으로 산업 시설이 대부분 파괴되었고 국토 전체가 폐허로 변했습니다.

_____

_____

2 미래엔, 천재교과서 외

다음 밑줄 친 산업에 해당하는 것을 두 가지 고르시오. (,   )

> 1950년대에는 생활에 필요한 물품을 만드는 <u>소비재 산업</u>이 주로 발전했습니다.

① 섬유 공업   ② 철강 산업
③ 식료품 공업   ④ 반도체 산업
⑤ 정보 통신 산업

3 ⊕ 11종 공통

다음 보기 를 1960년대 우리나라가 선진국보다 부족했던 것과 풍부했던 것으로 나누어 각각 기호를 쓰시오.

> 보기
> ㉠ 기술   ㉡ 자원   ㉢ 노동력

(1) 부족했던 것: (   )
(2) 풍부했던 것: (   )

4 ⊕ 11종 공통

1960년대 볼 수 있었던 모습으로 알맞지 <u>않은</u> 것은 어느 것입니까? (   )

▲ 가발을 만드는 모습

▲ 신발을 만드는 모습

▲ 의류를 생산하는 모습

▲ 자동차를 수출하는 모습

5 ⊕ 11종 공통

다음 (   ) 안에 들어갈 시설로 알맞지 <u>않은</u> 것은 어느 것입니까? (   )

> 1960년대 정부는 기업이 제품을 생산하고 운반해 수출할 수 있도록 (   ) 등을 많이 건설했습니다.

① 항만   ② 아파트
③ 발전소   ④ 정유 시설
⑤ 고속 국도

6 ➕ 11종 공통

중화학 공업과 관련된 설명으로 알맞지 <u>않은</u> 것은 어느 것입니까? (   )

① 경공업보다 적은 비용과 낮은 기술력으로도 발전시킬 수 있다.
② 철강 산업, 석유 화학 산업, 기계 산업, 조선 산업 등이 해당한다.
③ 우리나라는 1970년대부터 중화학 공업을 성장시키기 위해 노력했다.
④ 철, 배 등의 무거운 제품이나 플라스틱, 화학 섬유 제품 등을 생산하는 산업이다.
⑤ 우리나라 산업 구조가 경공업에서 중화학 공업 중심으로 바뀌면서 경제가 더욱 성장했다.

7 ➕ 11종 공통

우리나라에서 발전하기 시작한 시기가 다른 산업은 무엇입니까? (   )

①
▲ 철강 산업

②
▲ 조선 산업

③
▲ 석유 화학 산업

④
▲ 우주 항공 산업

8 ➕ 11종 공통

1980년대 우리나라의 경제 성장 모습에 대한 설명으로 알맞은 것을 보기 에서 모두 골라 기호를 쓰시오.

보기 ●
㉠ 자동차 산업이 크게 성장했다.
㉡ 기계 산업, 전자 산업이 크게 발전했다.
㉢ 문화 콘텐츠 산업, 의료 서비스 산업 등이 빠르게 발전했다.
㉣ 정밀 기계, 기계 부품, 텔레비전 등이 주요 수출품으로 자리잡았다.

(   )

9 ➕ 11종 공통

다음과 같은 상황이 우리나라의 경제에 미친 영향으로 알맞지 <u>않은</u> 것은 어느 것입니까? (   )

1980년대 이후 우리나라의 산업 구조가 경공업에서 중화학 공업 중심으로 바뀌었습니다.

① 수출액이 빠르게 증가했다.
② 국민 소득이 빠르게 증가했다.
③ 사람들의 생활 수준이 크게 향상되었다.
④ 세계적으로 우수한 제품을 생산할 수 있게 되었다.
⑤ 대부분의 사람들이 농업과 관련된 일을 하게 되었다.

10 서술형 ➕ 11종 공통

다음과 같이 1990년대에 반도체 산업이 발달하게 된 배경은 무엇인지 쓰시오.

1990년대에 우리나라 기업들의 노력으로 세계적으로 성능이 뛰어난 반도체를 생산할 수 있게 되었습니다.

_____

_____

11 미래엔, 천재교육 외

다음 ( ) 안에 들어갈 알맞은 말을 쓰시오.

> 1990년대 후반부터 정부와 기업은 정보화 사회의 경제 발전을 위해 전국에 걸쳐 (   )을/를 만들었습니다. 이후 다양한 인터넷 관련 기업들이 늘어났고, 기존에 발달했던 산업들도 정보 통신 기술의 영향으로 더욱 발전했습니다.

(   )

12 ✚ 11종 공통

다음 ㉠, ㉡은 2000년대 이후 빠르게 발달한 산업을 분류한 것입니다. ㉠, ㉡에 해당하는 산업을 알맞게 짝지은 것은 어느 것입니까? (   )

> ㉠ 신소재 산업, 로봇 산업
> ㉡ 문화 콘텐츠 산업, 의료 서비스 산업

	㉠	㉡
①	첨단 산업	서비스 산업
②	첨단 산업	정보 통신 산업
③	반도체 산업	첨단 산업
④	서비스 산업	첨단 산업
⑤	서비스 산업	반도체 산업

13 ✚ 11종 공통

오늘날 우리나라의 경제가 더욱 성장하면서 나타난 변화를 알맞게 설명한 친구를 모두 골라 이름을 쓰시오.

> • 지효: 교통과 통신의 발달로 사람들의 생활이 편리해졌어.
> • 우영: 사람들의 소득이 증가하여 경제적으로 풍요로워졌어.
> • 수빈: 경제는 성장했지만 국제 사회에서 우리나라의 위상은 낮아졌어.

(   )

14 ✚ 11종 공통

다음 보기 는 우리나라에서 발전한 산업의 모습입니다. 가장 최근에 발전한 산업을 골라 기호를 쓰시오.

보기

▲ 섬유 산업 ▲ 조선 산업
▲ 로봇 산업 ▲ 반도체 산업

(   )

15 서술형 비상교과서, 천재교과서 외

다음 그래프를 통해 알 수 있는 우리나라의 경제 성장 모습을 쓰시오.

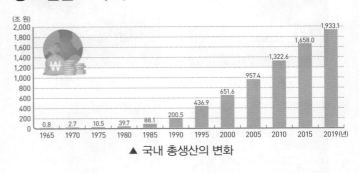

▲ 국내 총생산의 변화

_____

_____

16 비상교육, 천재교육 외

경제 성장으로 변화한 우리 생활의 모습 중 가장 최근에 볼 수 있었던 것은 어느 것입니까? (   )

①
▲ 흑백 텔레비전 보급

②
▲ 스마트폰 대중화

③
▲ 고속 국도 개통

④
▲ 고속 철도 개통

17 아이스크림, 천재교과서 외

다음 그래프를 보고, (   ) 안에 들어갈 알맞은 말에 ○표 하시오.

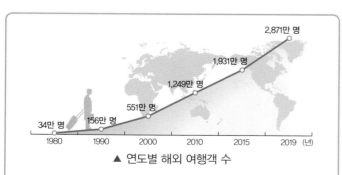
▲ 연도별 해외 여행객 수

경제 성장으로 인해 해외로 여행을 가는 사람이 (늘어났습니다 , 줄어들었습니다).

18 동아출판, 천재교과서 외

경제 성장 과정에서 있었던 사건들에 대한 설명이 옳으면 ○표, 옳지 않으면 ×표 하시오.

(1) 부실 공사로 1994년에 한강 다리가 무너졌습니다.
(   )

(2) 1997년에 다른 나라에서 빌린 돈을 갚지 못해 외환 위기를 겪었습니다.   (   )

(3) 1960년대 이후 도시 사람들이 농촌으로 이동하면서 도시에 일할 사람이 부족해졌습니다.
(   )

19 ➕ 11종 공통

경제 성장 과정에서 나타난 문제점에 대한 설명을 선으로 알맞게 연결하시오.

(1) 노사 갈등 •   • ㉠ 환경이 오염되고 에너지 자원이 부족해짐.

(2) 빈부 격차 •   • ㉡ 노동자와 기업 경영자 사이에 갈등이 생김.

(3) 환경 문제 •   • ㉢ 잘사는 사람과 그렇지 못한 사람의 소득 격차가 더욱 커짐.

20 서술형 지학사, 천재교육 외

경제 성장 과정에서 나타난 에너지 자원 부족 문제를 해결하기 위해 우리가 실천할 수 있는 일을 한 가지만 쓰시오.

_____

_____

✏️ 빈칸에 알맞은 답을 쓰세요.

1 나라와 나라 사이에 물건이나 서비스를 사고파는 것을 무엇이라고 합니까?

2 무역을 할 때 다른 나라에서 물건이나 서비스를 사 오는 것을 (   )(이)라고 합니다.

3 우리나라의 주요 수출품이자 수입품으로 가전 제품의 핵심 부품으로 쓰이는 물품은 무엇입니까?

4 어떤 물건의 (   )을/를 살펴보면 물건을 만드는 데 사용한 재료가 어느 나라에서 왔는지 알 수 있습니다.

5 다른 나라와의 경제 교류가 활발해지면서 (   )은/는 전 세계의 값싸고 다양한 물건을 선택할 수 있는 기회가 늘어났습니다.

6 다른 나라와의 경제 교류가 활발해지면서 (   )은/는 다른 나라에 공장을 세워 물건을 생산할 수 있게 되었습니다.

7 나라 간 물건이나 서비스 등의 자유로운 이동을 위해 세금, 법과 제도 등의 문제를 줄이거나 없애기로 한 약속을 무엇이라고 합니까?

8 우리나라와 다른 나라는 서로 도움을 주고받으며 교류하는 동시에 세계 시장에서 (   )하기도 합니다.

9 국외에서 수입하는 물건에 부과하는 세금을 무엇이라고 합니까?

10 나라와 나라 사이에 무역과 관련된 문제가 일어났을 때 공정하게 심판하려고 만들어진 국제기구는 무엇입니까?

1 나라와 나라 사이에 (   )을/를 하는 까닭은 각 나라마다 자연환경과 자본, 기술 등이 서로 다르기 때문입니다.

2 무역을 할 때 다른 나라에 물건이나 서비스를 파는 것을 무엇이라고 합니까?

3 우리나라의 나라별 무역액 비율에서 수출액, 수입액 비율이 모두 가장 높은 나라는 어디입니까?

4 우리나라는 물건뿐 아니라 의료, 게임 등 (   ) 분야에서도 세계 여러 나라와 교류하고 있습니다.

5 다른 나라와의 경제 교류로 우리가 다양한 국가에서 만든 옷을 입는 것은 의식주 생활 중에 어떤 생활에 영향을 미친 것입니까?

6 다른 나라와 교류가 활발해지면서 외국 기업에서 (   )을/를 얻는 등 개인의 경제활동 범위가 넓어졌습니다.

7 우리나라는 다른 나라와 서로 (   )하며 경제적으로 도움을 주고받습니다.

8 다른 나라와 무역을 하면서 한국산 물건에 높은 (   )을/를 부과하는 문제가 발생할 수 있습니다.

9 세계 여러 나라는 무역을 하면서 불리한 점이 생기면 자기 나라의 경제를 (   )하려고 법과 제도를 만듭니다.

10 무역 문제가 발생했을 때에는 세계 무역 기구(WTO) 등의 (   )에 도움을 요청할 수 있습니다.

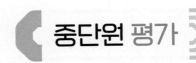

[1-3] 다음은 경제 상황이 다른 두 나라가 교류하는 모습입니다. 물음에 답하시오.

○○ 나라	• 사람들은 주로 열대 과일을 재배하고 철광석, 원유, 목재 등과 같은 자원이 풍부함. • 자동차, 반도체, 휴대 전화 등을 만드는 기술이 부족함.
△△ 나라	• 자동차, 반도체, 휴대 전화 등을 만드는 기술이 뛰어남. • 철광석, 원유, 목재 등의 자원이 부족함.

1 ➊ 11종 공통

위 그림의 ㈎에 들어갈 물건으로 알맞지 <u>않은</u> 것을 두 가지 고르시오. (,   )

① 원유
② 목재
③ 철광석
④ 반도체
⑤ 휴대 전화

2 ➊ 11종 공통

위 그림의 ㈏에 들어갈 물건을 보기 에서 모두 골라 기호를 쓰시오.

보기
㉠ 석탄
㉡ 원유
㉢ 반도체
㉣ 자동차

(   )

3 서술형 ➊ 11종 공통

위 ○○ 나라와 △△ 나라의 교류 모습을 통해 알 수 있는 무역의 좋은 점을 쓰시오.

_____

_____

4 ➊ 11종 공통

다음 (   ) 안에 들어갈 말로 알맞지 <u>않은</u> 것을 두 가지 고르시오. (,   )

나라마다 (   ) 등에 차이가 있기 때문에 무역이 이루어집니다.

① 자원
② 기술
③ 언어
④ 자연환경
⑤ 나라 이름

5 ➊ 11종 공통

다음 ㉠, ㉡에 들어갈 알맞은 말을 각각 쓰시오.

무역을 할 때 (㉠   )은/는 다른 나라에 물건이나 서비스를 파는 것이고, (㉡   )은/는 다른 나라에서 물건이나 서비스를 사 오는 것입니다.

㉠ (   ), ㉡ (   )

6 비상교과서, 천재교육 외

다음 그래프를 보고, 우리나라에서 가장 많이 수출하는 물품과 가장 많이 수입하는 물품을 각각 쓰시오.

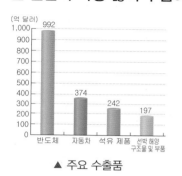

▲ 주요 수출품

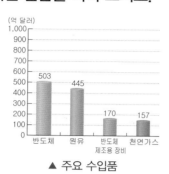

▲ 주요 수입품

(1) 가장 많이 수출하는 물품: (   )
(2) 가장 많이 수입하는 물품: (   )

7 미래엔, 천재교육 외

다음은 형진이가 확인한 우리 주변 물건들의 원산지와 생산 국가입니다. 이에 대한 설명으로 알맞지 <u>않은</u> 것은 어느 것입니까? (   )

가방
• 원산지: 중국
• 생산 국가: 베트남

커피
• 원산지: 브라질
• 생산 국가: 브라질

소금
• 원산지: 한국
• 생산 국가: 한국

① 소금은 우리나라의 재료로 만들었다.
② 물건의 원산지는 어떤 물건을 사고파는 곳이다.
③ 가방과 커피는 다른 나라의 재료로 다른 나라에서 만들었다.
④ 물건의 원산지를 살펴보면 물건을 만드는 데 사용한 재료가 어느 나라에서 왔는지 알 수 있다.
⑤ 물건의 원산지가 다양한 것을 통해 우리나라가 여러 나라와 물건을 교류한다는 사실을 알 수 있다.

8 ➕ 11종 공통

우리나라가 다른 나라와 서비스 분야에서 교류하는 모습은 어떤 것입니까? (   )

① 베트남에서 만든 신발을 수입하는 모습
② 중국에서 만든 학용품을 수입하는 모습
③ 서아시아 지역에서 원유를 수입하는 모습
④ 중국, 일본, 유럽 지역에 모바일 게임을 수출하는 모습
⑤ 말레이시아에서 천연고무를 들여와 타이어를 생산하는 모습

9 ➕ 11종 공통

다른 나라와의 경제 교류가 우리 경제생활에 미치는 영향을 알맞게 설명한 친구를 모두 골라 이름을 쓰시오.

• 지호: 기업의 경제생활에 변화를 가져와.
• 하랑: 소비자들에게는 아무런 영향을 미치지 못해.
• 수애: 우리 의식주 및 여가 생활을 더 풍부하고 다양하게 해 줘.

(   )

10 서술형 비상교육, 천재교육 외

경제 교류가 여가 생활에 미친 영향을 한 가지만 쓰시오.

_____

_____

11 아이스크림, 천재교육 외

다음은 다른 나라와의 경제 교류가 우리의 어느 생활에 미친 영향입니까? (   )

지은이는 태국 음식점에서 팟타이를 먹었습니다. 태국에 직접 가지 않고도 태국 음식을 먹을 수 있어서 신기했습니다.

① 의생활   ② 식생활
③ 주생활   ④ 학교생활
⑤ 여가 생활

12 서술형 ⊕ 11종 공통

다음 사진을 통해 알 수 있는 다른 나라와의 경제 교류가 개인에게 미친 영향을 쓰시오.

▲ 외국 기업에 취업하려는 우리나라 국민

_____

_____

13 ⊕ 11종 공통

다른 나라와의 경제 교류가 기업의 경제생활에 미친 영향에 대한 설명이 옳으면 ○표, 옳지 <u>않으면</u> ×표를 하시오.

(1) 물건의 제조 비용과 운반 비용이 늘어났습니다.
(　　)

(2) 외국 기업과 새로운 기술과 정보를 주고받을 수 있게 되었습니다. (　　)

(3) 다른 나라에 공장을 세워 그 나라의 값싼 노동력을 활용해 물건을 생산할 수 있게 되었습니다.
(　　)

14 ⊕ 11종 공통

나라와 나라 사이에 자유 무역 협정을 맺는 까닭으로 알맞은 것은 어느 것입니까? (   )

① 더 비싼 값에 물건을 수출하기 위해
② 다른 나라 물건의 수입을 막기 위해
③ 다른 나라와의 경쟁에서 이기기 위해
④ 다른 나라보다 경제적으로 발전하기 위해
⑤ 경제 교류를 자유롭고 편리하게 하기 위해

15 ⊕ 11종 공통

우리나라가 다른 나라와 경쟁하는 제품으로 알맞은 것을 모두 고르시오. (,   ,   )

① 자동차   ② 천연자원
③ 가전제품   ④ 휴대 전화
⑤ 열대 과일

16 ● 11종 공통

우리나라와 다른 나라의 경제 관계에 대한 설명으로 알맞지 <u>않은</u> 것은 어느 것입니까? (　　　)

① 우리나라는 다른 나라와 서로 의존하며 경제적으로 교류합니다. ② 우리나라의 기술과 좋은 물건은 수출하고, ③ 우리나라에 부족하거나 없는 자원, 기술, 물건 등을 수입합니다. ④ 이는 우리나라만 이익을 얻기 위한 것이며, ⑤ 우리나라는 같은 종류의 물건을 생산하는 다른 나라와는 서로 경쟁합니다.

17 ● 11종 공통

우리나라가 겪고 있는 무역 문제로 알맞지 <u>않은</u> 것은 어느 것입니까? (　　　)

① 한국산 물건에 높은 관세 부과
② 외국산에 의존해야 하는 물건의 수입 문제
③ 도시의 발달로 인한 농촌의 일손 부족 문제
④ 우리나라의 수입 거부 때문에 다른 나라와 일어나는 갈등
⑤ 다른 나라의 수입 제한으로 발생하는 우리나라의 수출 감소

18 서술형 ● 11종 공통

세계 여러 나라가 자기 나라 경제만을 보호하려고 할 때 일어날 수 있는 문제점을 쓰시오.

_____

_____

19 비상교과서, 천재교육 외

다음 그림에 나타난 세계 여러 나라가 자기 나라 경제를 보호하는 까닭으로 알맞은 것은 어느 것입니까? (　　　)

① 국민의 실업 방지
② 우리나라 환경 보호
③ 다른 나라와의 무역 규모 확대
④ 다른 나라와의 불공정 거래에 대응
⑤ 다른 나라에 수출하는 물건의 종류 확대

20 ● 11종 공통

세계 무역 기구(WTO)에서 하는 일로 알맞지 <u>않은</u> 것은 어느 것입니까? (　　　)

① 지구촌의 경제 질서를 유지한다.
② 세계 무역을 보다 더 자유롭게 할 수 있도록 한다.
③ 각 나라의 무역 관련 정책 수립에 기준을 제시한다.
④ 나라와 나라 사이에 무역 문제가 일어났을 때 공정하게 심판한다.
⑤ 각 나라들이 자기 나라의 산업을 발전시키는 정책을 세우지 못하게 막는다.

1 ➕ 11종 공통

다음 경제활동을 보고, 가계가 하는 일에는 '가', 기업이 하는 일에는 '기'라고 각각 쓰시오.

(1)

▲ 생산 활동의 대가로 소득을 얻음.

(   )

(2)

▲ 물건을 생산하여 판매해 이윤을 얻음.

(   )

(3)

▲ 소득으로 필요한 물건을 구입함.

(   )

(4)

▲ 사람들에게 일자리를 제공함.

(   )

2 동아출판, 비상교육 외

다음 상황에서 수진이가 합리적 선택을 하기 위해 선택해야 할 노트북에 ○표 하시오.

> 수진: 나는 비슷한 상품이라면 가격이 가장 저렴한 것이 좋아.

(1)
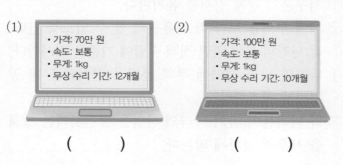
• 가격: 70만 원
• 속도: 보통
• 무게: 1kg
• 무상 수리 기간: 12개월

(   )

(2)
• 가격: 100만 원
• 속도: 보통
• 무게: 1kg
• 무상 수리 기간: 10개월

(   )

3 서술형 ➕ 11종 공통

기업이 합리적 선택을 하지 않으면 일어날 수 있는 문제를 쓰시오.

_____

_____

4 미래엔, 비상교과서 외

다음 ㉠~㉢에 대한 설명으로 알맞지 <u>않은</u> 것은 어느 것입니까? (   )

㉠	㉡	㉢

▲ 홈 쇼핑	▲ 부동산 시장	▲ 대형 할인점

① ㉠은 직접 시장에 갈 필요 없이 물건을 살 수 있다.
② ㉡은 물건이 아닌 것을 거래하는 곳이다.
③ ㉡과 종류가 같은 것에는 인력 시장, 주식 시장 등이 있다.
④ ㉢에서는 물건을 직접 만져 보고 살 수 있다.
⑤ ㉢과 같이 일정한 장소가 있는 시장으로 인터넷 쇼핑이 있다.

5 ➕ 11종 공통

다음 보기 에서 우리나라 경제의 특징에 대한 설명으로 알맞은 것을 모두 골라 기호를 쓰시오.

> 보기
> ㉠ 국가에서 개인의 직업을 정해 준다.
> ㉡ 개인과 기업이 경제활동을 자유롭게 할 수 있다.
> ㉢ 모든 물건을 공동으로 생산해서 똑같이 분배해 준다.
> ㉣ 기업은 더 많은 이윤을 얻으려고 다른 기업과 서로 경쟁한다.

(   )

6 ➕ 11종 공통

자유롭게 경쟁하는 경제활동의 좋은 점을 알맞게 말한 친구를 두 명 고르시오. (　　,　　)

① 내가 하고 싶은 일을 하면서 더 즐겁게 일할 수 있어.

② 더 좋은 서비스를 받을 수 있어.

③ 원하는 물건을 모두 살 수 있어.

④ 기업은 좋은 상품을 개발하지 않아도 이윤을 얻을 수 있어.

7 비상교육, 지학사 외

다음과 같은 상황에서 좋아하는 음료수를 합리적인 가격으로 사 먹을 수 있는 방법으로 알맞지 <u>않은</u> 것은 어느 것입니까? (　　　)

문제 상황	음료수의 재료 가격은 내리는데 상품 가격은 오르고 있습니다.
문제 원인	음료수를 만드는 회사가 적은 상황에서 음료수를 만드는 회사끼리 몰래 약속하고 상품 가격을 올리기 때문입니다.

① 가격이 합리적인 다른 음료수를 사 먹는다.

② 많은 회사에서 음료수를 만들 수 있도록 한다.

③ 정부에서 기업이 음료수에 대한 허위 광고를 할 수 있도록 지원한다.

④ 상품 가격을 올리는 것에 반대하는 의견을 음료수 회사 누리집에 올린다.

⑤ 음료수를 만드는 회사끼리 상의하여 상품 가격을 마음대로 올릴 수 없도록 감시한다.

8 비상교육, 천재교육 외

다음 ㉠, ㉡에 들어갈 알맞은 말에 ◯표 하시오.

　　1950년대 우리나라는 ㉠ (농업 , 공업) 중심의 산업 구조를 ㉡ (농업 , 공업) 중심의 산업 구조로 변화시키려고 노력했습니다.

9 ➕ 11종 공통

1960년대 경제 성장을 위한 정부의 노력으로 알맞지 <u>않은</u> 것은 어느 것입니까? (　　　)

① 경제 개발 5개년 계획을 세웠다.

② 중화학 공업 육성 계획을 세웠다.

③ 제품을 수출하는 기업의 세금을 내려 주었다.

④ 정유 시설, 발전소, 고속 국도, 항만 등을 많이 건설했다.

⑤ 기업들이 여러 나라에 다양한 제품을 쉽게 수출할 수 있도록 지원했다.

10 서술형 ➕ 11종 공통

다음과 같은 상황이 1960년대 경제 성장에 끼친 영향을 쓰시오.

　　1960년대 우리나라는 선진국보다 자원과 기술은 부족했지만 노동력은 풍부했습니다.

2단원

11 ⊕ 11종 공통

다음과 같은 상황에서 당시 빠르게 발전했던 산업을 보기 에서 모두 골라 기호를 쓰시오.

> 1973년에 정부는 국가 경제를 획기적으로 발전시키려고 중화학 공업 육성 계획을 발표했습니다.

보기

▲ 철강 산업 (㉠)　　▲ 가발 공업 (㉡)
▲ 석유 화학 공업 (㉢)　　▲ 문화 콘텐츠 산업 (㉣)

(　　　　　　　)

12 ⊕ 11종 공통

1990년대 경제 성장 모습으로 알맞은 것을 두 가지 고르시오. (　 ,　)

① 반도체 산업이 발전했다.
② 중화학 공업 육성 계획을 세웠다.
③ 경제 개발 5개년 계획을 추진했다.
④ 전국에 걸쳐 초고속 정보 통신망을 만들었다.
⑤ 전국을 연결하는 최초의 고속 국도가 개통됐다.

13 ⊕ 11종 공통

다음 글의 ㉠~㉣ 중 잘못된 부분을 골라 기호를 쓰시오.

> 경제가 성장하면서 ㉠ 우리의 문화와 관련한 상품이 해외에서 큰 인기를 끄는 등 과거와 다른 변화들이 나타났습니다. 특히 ㉡ 우리의 대중가요와 드라마 등 한류를 즐기는 외국인이 급증했습니다. 또한 ㉢ 해외로 여행을 떠나는 사람들이 크게 줄어들었고, ㉣ 세계인이 모이는 다양한 국제 행사가 우리나라에서 열리고 있습니다.

(　　　　　　　)

14 비상교육, 아이스크림 외

다음과 같은 노력을 통해 해결하고자 하는 경제 성장 과정에서 나타난 문제점은 무엇인지 쓰시오.

▲ 전기 자동차 보급　　▲ 친환경 제품 개발

(　　　　　　　)

15 서술형 ⊕ 11종 공통

다음 대화에서 빈칸에 들어갈 내용으로 무역을 하는 까닭을 쓰시오.

> • 어머니: 나라와 나라 사이에 물건과 서비스를 사고파는 것을 무역이라고 한다.
> • 수영: 왜 나라와 나라 사이에 무역을 하나요?
> • 어머니: _____

_____

_____

16 ➕ 11종 공통

우리나라가 다른 나라와 경제 교류를 하는 사례로 알맞지 <u>않은</u> 것은 어느 것입니까? (　　　)

① 브라질에서 만든 커피를 수입한 사례

② 몽골에 우리나라의 의료 기술을 수출한 사례

③ 미국의 옥수수를 수입해 우리나라 기업에서 팝콘을 만든 사례

④ 중국, 일본, 북미, 유럽 지역에 우리나라의 모바일 게임을 수출한 사례

⑤ 우리나라에서 재배한 쌀로 만든 누룽지를 우리나라 시장에서 판매한 사례

17 ➕ 11종 공통

다른 나라와의 경제 교류가 미친 영향을 개인과 기업으로 구분하여 선으로 알맞게 연결하시오.

(1) 개인 •

• ㉠ 외국 기업과 새로운 기술과 정보를 주고받을 수 있음.

(2) 기업 •

• ㉡ 전 세계의 값싸고 다양한 물건을 선택할 기회가 늘어났음.

18 ➕ 11종 공통

우리나라와 다른 나라의 경제 관계에 대한 설명으로 옳은 것에 ○표 하시오.

(1) 다른 나라와 서로 의존하며 경제적으로 교류합니다.　(　　　)

(2) 같은 종류의 물건을 생산하는 나라와는 서로 경쟁합니다.　(　　　)

(3) 우리나라의 이익보다 다른 나라의 이익을 위해 무조건 양보합니다.　(　　　)

19 서술형　비상교과서, 천재교육 외

다음 그림을 통해 알 수 있는 세계 여러 나라가 자기 나라 경제를 보호하는 까닭을 쓰시오.

다른 나라 물건을 수입하면 우리나라 물건을 사지 않을 수도 있어. 결국 공장들이 문을 닫아 실업자가 늘어날지도 몰라.

_____

_____

20 ➕ 11종 공통

무역 문제가 발생했을 때 해결할 수 있는 방법을 알맞게 말한 친구를 두 명 고르시오. (　　,　　)

① 다른 나라와 경제적 교류를 모두 끊어야 해.

② 국제기구에 도움을 요청해야 해.

③ 힘이 센 나라의 의견에 무조건 따라야 해.

④ 다른 나라와 협상하고 합의하려고 노력해야 해.

| 평가 주제 | 기업의 경제활동의 자유와 경쟁의 모습 살펴보기 |
| 평가 목표 | 기업의 자유로운 경쟁이 우리 생활에 주는 도움을 알 수 있다. |

[1-3] 다음은 우리 주변에서 쉽게 볼 수 있는 상품들입니다. 물음에 답하시오.

상품의 종류	상품을 만드는 회사의 수	각 회사 상품의 특징
 우유	4개	• ○○ 우유: 영양가가 높음. • □□ 우유: 가격이 저렴함. • △△ 우유: 맛이 좋음. • ◇◇◇ 식품: 신선도가 좋음.
 휴대 전화	3개	• ○○ 전자: 속도가 빠름. • ◇◇ 전자: 카메라 성능이 좋음. • ♡♡ 휴대 전화: 디자인이 예쁨.

1 다음은 위 자료를 통해 알 수 있는 기업의 경제활동의 특징입니다. ㉠, ㉡에 들어갈 알맞은 말을 쓰시오.

> 기업들은 보다 더 많은 (㉠   )을/를 얻으려고 다른 기업과 서로 (㉡   )합니다.

2 다음은 상품을 많이 팔기 위해 하는 노력입니다. (   ) 안에 들어갈 알맞은 말에 ○표 하시오.
(1) 다른 기업이 만든 상품보다 더 (싸게 , 비싸게) 만듭니다.
(2) 다른 기업보다 품질이 더 (나쁜 , 좋은) 상품을 만듭니다.

3 기업들의 자유로운 경쟁이 소비자에게 주는 도움을 한 가지만 쓰시오.

_____

_____

평가 주제	경제 성장 과정에서 나타난 문제점과 해결 방안 알아보기
평가 목표	우리나라 경제 성장 과정에서 나타난 문제점을 살펴보고, 그 해결 방안을 제시할 수 있다.

[1-3] 다음은 경제 성장 과정에 나타난 문제점을 해결하기 위한 방안입니다. 물음에 답하시오.

ㄱ
▲ 기업 경영자와 노동자의 대화

ㄴ
▲ 복지 정책을 위한 법률 제정

ㄷ
▲ 친환경 에너지 개발

ㄹ
▲ 정부의 생계비, 양육비, 학비 지원

ㅁ
▲ 전기 자동차 보급

ㅂ
▲ 정부의 노동자와 기업 중재

1 경제 성장 과정에서 나타난 다음 문제점을 해결하기 위한 방안을 위에서 찾아 기호를 쓰시오.

빈부 격차	(1)
노사 갈등	(2)
환경 문제	(3)

2 위 1번의 밑줄 친 빈부 격차의 의미를 쓰시오.

_____

_____

3 환경 문제를 해결하기 위해 우리가 할 수 있는 일을 한 가지만 쓰시오.

_____

_____

여기까지 온 너,
이미 넌 백점이야

동아출판

초고필로 중학교 성적이 바뀐다!

초등 고학년을 위한 중학교 필수 영역 초고필

국어

비문학 독해 1·2 / 문학 독해 1·2 / 국어 어휘 / 국어 문법

수학

유리수의 사칙연산 / 방정식 / 도형의 각도

한국사

한국사 1권 / 한국사 2권

평가북

초등학교   학년   반   번   이름

강의가 더해진, 교과서 맞춤 학습

백점

사회 6·1

친절한 해설북

- 한눈에 보이는 **정확한 답**
- 한번에 이해되는 **자세한 풀이**

동아출판

친절한 해설북 구성과 특징

1 자료 다시 보기
- 문제와 관련된 자료를 다시 한번 확인하면서 학습 내용에 대해 깊이 있게 이해할 수 있습니다.

2 서술형 채점 TIP
- 서술형 문제 풀이에는 채점 기준과 채점 TIP을 구체적으로 제시하고 있습니다. 또한 '이런 답도 가능해!'를 통해 다양한 예시 답안을 확인할 수 있습니다.

차례

백점 사회 빠른 정답

QR코드를 찍으면 **정답과 해설을** 쉽고 빠르게 확인할 수 있습니다.

모바일
빠른 정답

1. 우리나라의 정치 발전

1 민주주의의 발전과 시민 참여 (1)

7쪽 **기본 개념 문제**

1 이승만 **2** 부정 **3** ○ **4** 박정희 **5** 헌법

8쪽~9쪽 **문제 학습**

1 ① **2** 정부통령 **3** 정륜 **4** ⑩ 시위에 참여했다가 실종된 고등학생 김주열이 마산 앞바다에서 죽은 채로 발견되었기 때문입니다. **5** ㉡ → ㉣ → ㉢ → ㉠ **6** ㉢, ㉣ **7** ⑩ 이승만은 대통령 자리에서 물러났고, 3·15 부정 선거는 무효가 되었습니다. **8** ③ **9** ④ **10** 유신 헌법 **11** ㉡, ㉢ **12** ④

1 이승만 정부는 정부통령 선거에서 이기려고 부정 선거를 계획했고 이를 막기 위해 대구에서 학생들의 민주 운동이 일어났습니다.

2 이승만 정부는 정부통령 선거에서 이기려고 부정 선거를 계획했고, 불법적인 방법으로 당선되었습니다.

자료 다시 보기

3·15 부정 선거 방법

유권자들에게 돈이나 물건을 주면서 이승만을 포함한 자유당 후보에 투표하도록 했음. | 부정 선거를 숨기려고 투표 용지를 불태워 폐기했음.

• 조를 짜서 투표하고, 조장은 조원들이 투표한 후보를 확인했습니다.
• 조작된 투표용지를 넣어 투표함을 바꾸기도 했습니다.

3 여성들도 투표할 수 있었습니다.

4 김주열이 죽은 채로 발견되자 시민들과 학생들의 시위는 더욱 확산되었습니다.

채점 기준	상	고등학생 김주열이 죽은 채로 발견되었다는 내용을 알맞게 쓴 경우
	중	국민들의 분노가 커졌다고만 쓴 경우

5 4·19 혁명은 학생들과 시민들을 중심으로 독재 정권을 무너뜨린 최초의 민주화 운동이었습니다.

자료 다시 보기

4·19 혁명의 전개 과정

1 시민들은 부정한 방법으로 선출된 이승만 정부의 잘못을 바로잡으려고 시위에 참여했습니다.

↓

2 마산 시위에 참여했다가 실종된 고등학생 김주열이 마산 앞바다에서 죽은 채로 발견되자 시위가 더욱 확산되었습니다.

↓

3 각계각층의 시민이 참여하는 전국 시위로 확대되었습니다.

↓

4 4월 19일에 시민과 학생들은 이승만 정부의 독재와 3·15 부정 선거로 짓밟힌 민주주의를 바로 세우고자 거리로 나섰습니다.

6 4·19 혁명의 전개 과정에서 시민들과 학생들은 "정부통령 선거 다시 하라.", "정부는 마산 사건을 책임져라." 등의 구호를 내세웠습니다.

7 4·19 혁명은 학생들과 시민들을 중심으로 독재 정권을 무너뜨린 최초의 민주화 운동이었습니다.

채점 기준	상	제시된 단어 두 가지를 모두 포함하여 알맞게 쓴 경우
	중	제시된 단어 중 한 가지만 포함하여 알맞게 쓴 경우

8 국민들은 4·19 혁명을 계기로 민주적인 절차와 과정을 무시하고 들어선 정권은 국민 스스로 바로잡아야 한다는 교훈을 얻게 되었습니다.

9 군사 정변이란 군인들이 힘을 앞세워 정권을 잡는 행위를 말합니다.

10 제시된 글은 박정희 정부 시기에 만들어진 유신 헌법에 대한 설명입니다.

11 박정희는 대통령 직선제를 간선제로 바꿨습니다.

12 유신 헌법의 내용은 국민의 권리를 대통령이 마음대로 제한할 수 있는 것이어서 민주적이지 않았으며, 대통령을 할 수 있는 횟수를 제한하지 않았습니다.

1 민주주의의 발전과 시민 참여 (2)

11쪽 기본 개념 문제

1 광주　2 5·18　3 ○　4 박종철　5 ×

12쪽~13쪽 문제 학습

1 ②　2 ⊙ 계엄군 ⓒ 시민군　3 ⑤　4 예 시위 중 잡혀간 사람들을 풀어 줄 것과 계엄군이 물러날 것을 요구하였습니다.　5 ⊙, ⓒ, ⓔ　6 (2) ○　7 ⊙ → ⓒ → ⓒ → ⓔ　8 예 이 사실을 숨기던 정부에 고문을 금지할 것과 책임자를 처벌할 것　9 6월 민주 항쟁　10 6·29 민주화 선언　11 ④　12 민우

1 전두환 정부는 국민이 나라에서 정한 것을 따르게 만들려고 했습니다.

2 전두환은 전라남도 광주에 시위를 진압할 계엄군을 보냈고, 이에 시민들은 시민군을 만들어 군인들에게 대항했습니다.

3 ⑤ 전두환은 광주에서 일어나는 일이 신문이나 방송으로 알려지는 것을 막았습니다.

> 자료 다시 보기
>
> **5·18 민주화 운동의 모습**
>
>
>
> 시민들과 학생들은 거리로 나와 "독재 없는 민주주의"라는 구호를 외치며 시위를 벌였습니다. | 군인들은 광주 사람들이 다른 지역으로 나가거나 다른 지역의 사람들이 광주에 들어갈 수 없게 했습니다.
>
>
>
> 시민들은 시위에 참여한 사람들에게 부족한 식량을 나눠 주었습니다. | 시위가 계속되면서 다치거나 죽는 사람이 늘어났고 이들의 가족들은 큰 슬픔에 빠졌습니다.

4 시민들은 어려움에 처한 이웃을 서로 돕는 등 힘든 상황을 함께 헤쳐 나가려고 노력했습니다.

채점 기준	상	5·18 민주화 운동에서 광주 시민들의 노력을 구체적으로 쓴 경우
	중	5·18 민주화 운동에서 광주 시민들의 노력을 알맞게 썼으나 다소 미흡한 경우

5 제시된 사진은 5·18 민주화 운동 당시 여고생의 일기와 기자의 취재 수첩입니다.

> 자료 다시 보기
>
> **5·18 민주화 기록물**
>
>
>
> • 5·18 민주화 운동 기록물은 시민들의 선언문, 증언, 일기, 기자들의 취재 수첩, 피해자 보상 자료 등으로 구성되었습니다.
> • 5·18 민주화 운동 과정을 생생하게 알려 준다는 점, 세계 여러 나라의 민주화 운동에 영향을 끼친 점 등을 인정받아 유네스코 세계 기록 유산으로 등재되었습니다.

6 5·18 민주화 운동은 부당한 정권에 맞서 민주주의를 지키려는 시민들과 학생들의 의지를 보여 주었습니다.

7 1987년 6월 민주 항쟁이 계속되자 당시 여당 대표가 직선제를 포함한 민주화 요구를 받아 들이겠다고 6·29 민주화 선언을 발표했습니다.

8 정부가 박종철이 고문을 받다가 사망한 사실을 숨기려 하자 시민들과 학생들의 분노가 폭발했습니다.

채점 기준	상	고문 금지, 책임자 처벌 두 가지를 모두 쓴 경우
	중	고문 금지, 책임자 처벌 중 한 가지만 쓴 경우

9 1987년 시민들과 학생들은 전두환 정부의 독재에 반대하고 대통령 직선제를 요구하며 6월 민주 항쟁을 일으켰습니다.

10 당시 여당 대표는 직선제를 포함한 학생들과 시민들의 민주화 요구를 받아들이겠다고 발표했습니다.

11 ④ 경제 발전 5개년 계획은 박정희 정부 때 실시된 경제 계획입니다.

12 1987년 6·29 민주화 선언 이후 대통령 직선제가 시행되었습니다.

1 민주주의의 발전과 시민 참여 (3)

15쪽 기본 개념 문제

1 직선제　2 지방 자치제　3 ○　4 대규모 집회
5 ○

16쪽~17쪽 문제 학습

1 직선제　2 ⑤　3 지방 자치제　4 (2) ○　5 주민
소환제　6 ③　7 ⑳ 주로 대규모 집회에 참여하는
방식으로 사회 공동의 문제를 해결했습니다.　8 1인
시위　9 ㉣　10 ③　11 ⑤　12 ⑳ 더 많은 시민
이 정치에 참여하면서 우리 사회의 여러가지 문제를
민주적으로 해결하고 있습니다.

1 1987년부터 다시 실시된 대통령 직선제는 지금까지
계속되고 있습니다.

> **자료 다시 보기**
>
> **대통령 직선제 시행**
> • 6월 민주 항쟁의 결과 6·29 민주화 선언이 발표되었고, 그에
> 따라 1987년 제13대 대통령 선거가 직선제로 시행되었습니다.
> • 대통령 직선제는 오늘날까지 계속 시행되고 있습니다.

2 1987년 이후 직선제를 통해 선출된 대통령은 노태
우, 김영삼, 김대중, 노무현, 이명박, 박근혜, 문재
인, 윤석열 순입니다.

3 지역의 대표들은 주민들의 의견을 수렴해 여러 가
지 문제를 민주적으로 해결하고 있습니다.

4 (2) 지방 자치제의 실시로 주민들은 지역 문제를 스
스로 해결하려고 의견을 제시할 수 있게 되었습니다.

5 우리나라에서는 2007년 5월부터 지방 의회 의원과
지방 자치 단체장을 대상으로 주민 소환제를 시행
하고 있습니다.

> **자료 다시 보기**
>
> **주민 소환제**
>
> | | |
> |---|---|
> | 의미 | 주민이 직접 선출한 의원이나 단체장이 직무를 잘 수행하지 못했을 때 주민들이 투표로 그들이 자리에서 물러나게 하는 제도 |
> | 시행 | 우리나라는 2007년 5월부터 지방 의회 의원과 지방 자치 단체장을 대상으로 시행하고 있음. |

6 주민 소환제의 시행으로 지역의 대표가 문제 해결
에 주민의 뜻을 잘 반영할 수 있습니다. 주민 소환
제는 지역의 대표자들이 책임감을 가지고 열심히
일하도록 만듭니다.

7 대규모 집회의 경우 많은 사람이 다치거나 희생되
기도 했습니다.

채점 기준	상	대규모 집회라는 단어를 포함하여 알맞게 쓴 경우
	중	많은 사람이 모였다고 만 쓴 경우

8 대규모 집회에 참여하는 방법 외에도 1인 시위, 캠
페인 활동 등을 통해 사회 공동의 문제 해결에 참여
할 수 있습니다.

9 촛불 시위는 문제 의식을 지닌 사람들이 자발적으
로 모인 것으로, 사회 문제를 평화적으로 해결하기
위한 방법 중 하나입니다.

10 ③ 폭력 시위를 통해서는 사회 공동의 문제를 해결
할 수 없습니다.

> **자료 다시 보기**
>
> **6월 민주 항쟁 이후 다양한 시민 참여 방법**
>
>
> ▲ 투표
>
>
> ▲ 캠페인
>
>
> ▲ 1인 시위
>
> ▲ 누리집을 통한 의견 제시
>
> • 오늘날 시민들은 사회 공동의 문제를 평화적이고 민주적인
> 방법으로 해결하고 있습니다.

11 제시된 사진은 누리집을 통한 의견 제시를 하는 화
면입니다.

12 오늘날 시민들이 사회 공동의 문제를 평화적이고
민주적인 방법으로 해결하고 있습니다.

> **채점 tip** 사회 문제를 민주적으로 해결하고 있다는 내용을 썼으면
> 정답으로 합니다.

2 일상생활과 민주주의 (1)

19쪽 기본 개념 문제

1 정치 2 민주주의 3 자유 4 선거 5 ✕

20쪽~21쪽 문제 학습

1 정치 2 ② 3 예 모든 사람이 신분이나 재산, 성별 등과 관계없이 사회 공동의 문제를 해결하는 과정에 참여할 수 있게 되었습니다. 4 민주주의 5 (1) ○ (2) ○ (3) ✕ 6 ③ 7 예 모든 사람이 태어나는 순간부터 인간으로서 존엄과 가치를 존중받아야 한다는 것입니다. 8 ① 9 (1) ○ 10 선거 관리 위원회 11 ② 12 ㉢

1 사회생활을 하면서 사람들 사이의 의견 차이나 갈등을 해결하는 활동을 정치라고 합니다.

2 ② 시험 공부 계획을 세우는 것은 공동의 문제를 해결해 가는 활동으로 보기 어렵습니다.

3 오늘날에는 누구나 정치에 참여할 수 있습니다.

채점 기준	상	모든 사람이 정치에 참여할 수 있다고 쓴 경우
	중	옛날보다 많은 사람이 정치에 참여할 수 있다고만 쓴 경우

4 민주주의란 모든 국민이 나라의 주인으로서 권리를 갖고, 그 권리를 자유롭고 평등하게 행사하는 정치 제도를 말합니다.

5 옛날에는 왕이나 신분이 높은 사람들만 국가의 일을 의논하였으나 시대가 변하면서 모든 사람이 사회 공동의 문제 해결 과정에 참여할 수 있게 되었습니다.

자료 다시 보기

옛날과 오늘날의 정치 참여

옛날	왕이나 신분이 높은 사람들만 국가의 일을 의논하고 결정할 수 있었음.
오늘날	모든 사람이 신분이나 재산, 성별 등과 관계없이 누구나 정치에 참여할 수 있음.

6 신분, 재산, 성별, 인종 등에 따라 부당하게 차별받지 않고 평등하게 대우받아야 합니다.

7 민주주의의 기본 정신에는 인간의 존엄성, 자유, 평등이 있습니다.

채점 기준	상	모든 사람은 태어나는 순간부터 인간으로서 존엄과 가치를 존중받아야 한다고 알맞게 쓴 경우
	중	존엄과 가치 중 한 단어만 포함하여 쓴 경우

자료 다시 보기

민주주의의 기본 정신

인간의 존엄성

우리는 태어날 때부터 존중받을 권리가 있어요.

모든 사람이 태어나는 순간부터 인간으로서 존엄과 가치를 존중받아야 함.

자유

가고 싶은 곳은 어디든 갈 수 있어요.

국가나 다른 사람들에게 구속받지 않고 자신의 의사를 스스로 결정할 수 있는 자유를 인정받아야 함.

평등

누구나 평등하게 교육받을 수 있어요.

신분, 재산, 성별, 인종 등에 따라 부당하게 차별받지 않고 모든 인간이 평등하게 대우받아야 함.

8 민주주의의 모습에는 가족회의, 주민 자치회, 학급 회의, 공청회, 지방 의회 등이 있습니다.

9 오늘날에는 자신의 뜻을 전달할 대표자를 뽑아 그 사람들에게 자신의 생각을 전달하게 합니다.

10 선거와 국민 투표가 공정하게 이루어지도록 관리하는 기관은 선거 관리 위원회입니다.

자료 다시 보기

선거 관리 위원회

• 선거 관리 위원회는 선거와 국민 투표가 공정하게 이루어지도록 관리하는 독립된 기관입니다.
• 부정 선거가 일어나는지 감시하고 국민에게 선거에 관한 올바른 의식을 갖게 하는 교육을 합니다.

11 선거일을 기준으로 만 18세 이상의 국민이면 누구에게나 투표권을 준다는 원칙을 보통 선거라고 합니다.

12 비밀 선거는 자신이 어떤 후보를 선택했는지 다른 사람에게 비밀로 한다는 원칙입니다.

② 일상생활과 민주주의 (2)

23쪽 기본 개념 문제

1 관용 **2** 비판적 태도 **3** 타협 **4** 다수결 **5** ○

24쪽~25쪽 문제 학습

1 ㉢ **2** ㉠ **3** ㉣ **4** ⑤ **5** ⑤ **6** ㉠ 다수 ㉡ 소수 ㉢ 다수 **7** ③ **8** ⓜ 다수결의 원칙을 사용할 때에는 소수의 의견도 존중해야 합니다. 충분한 대화를 통해 의견을 조정하고 타협해야 합니다. **9** ① **10** ㉣ → ㉡ → ㉠ → ㉢ **11** ⑤ **12** ⓜ 해결 방안을 실천하는 과정에서 예상하지 못한 새로운 문제가 나타난 경우에는 해결 방안을 수정하거나 보완해야 합니다.

1 우리 주변의 문제에 관심을 가지고 이를 해결하기 위해 적극적으로 참여하는 태도가 필요합니다.

자료 다시 보기

민주주의를 실천하는 바람직한 태도

친구들과 의견을 모아 결정한 일은 잘 따르고 실천하는 것이 중요해.

키 순서로 앉자는 의견도 좋은 것 같아!

키가 큰 친구가 시력이 좋지 않아 앞자리에 앉으면 뒤에 앉은 친구가 칠판이 잘 보이지 않을 수 있어.

키 순서로 자리를 정한 다음에 시력이 좋지 않은 친구들은 다시 자리를 바꾸는 것이 좋겠어.

관용	나와 다른 의견을 인정하고 포용하는 태도
관심과 참여 (실천)	우리 주변의 문제에 관심을 가지고 이를 해결하기 위해 적극적으로 참여하는 태도
비판적 태도	어떤 사실이나 의견의 옳고 그름을 따져 살펴보는 태도
양보와 타협	서로의 입장에서 문제를 이해하고 상대방을 배려하여 협의하는 것

2 일상생활에서 부딪히는 다양한 문제와 갈등을 해결하려면 관용적인 태도가 필요합니다.

3 ㉣ 양보와 타협하는 자세가 필요합니다.

4 다수결의 원칙을 사용할 때는 소수의 의견도 존중하는 태도를 가져야 합니다. 또한 다수결의 원칙은 항상 옳은 방법이 아니라 대화와 토론, 양보와 타협으로 합의에 이를 수 없을 때 사용해야 합니다.

5 민주주의 사회에서는 문제를 해결할 때 대화와 토론을 거쳐 양보와 타협에 이르는 것이 바람직한 해결 방법입니다.

6 사람들은 다수결의 원칙을 사용해 쉽고 빠르게 문제를 해결합니다.

7 사람들끼리 양보와 타협이 어려울 때 다수결의 원칙을 사용하면 쉽고 빠르게 문제를 해결할 수 있습니다.

8 다수의 의견이 항상 옳은 것은 아니기 때문에 소수의 의견을 존중해야 합니다.

채점 기준	상	'소수의 의견도 존중해야 한다.', '충분한 대화를 통해 타협해야 한다.'고 쓴 경우
	중	충분한 대화를 해야 한다고만 쓴 경우

9 다수결의 원칙이란 다수의 의견이 소수의 의견보다 합리적일 것이라고 가정하고 다수의 의견을 채택하는 방법입니다.

자료 다시 보기

다수결의 원칙

의미	다수의 의견이 소수의 의견보다 합리적일 것이라고 가정하고 다수의 의견을 채택하는 방법
좋은 점	사람들끼리 양보와 타협이 어려울 때 쉽고 빠르게 문제를 해결할 수 있음.
주의할 점	• 소수의 의견도 존중해야 함. • 충분한 대화를 통해 의견을 조정하고 타협해야 함.

10 민주적 의사 결정 원리에 따라 문제를 해결하는 과정은 '문제 상황 및 원인 파악 → 문제 해결 방안 탐색 → 문제 해결 방안 결정 → 해결 방안 실천 및 반성'의 순서로 진행합니다.

11 지역 주민 모두가 함께 의논하여 해결하는 것이 민주적입니다.

12 해결 방안을 실천하는 과정에서 새로운 문제가 나타난 경우에는 해결 방안을 수정하거나 보완하기로 합니다.

채점 기준	상	'수정', '보완' 두 가지 단어를 모두 사용하여 알맞게 쓴 경우
	중	'수정', '보완' 중 한 가지 단어만 사용하여 알맞게 쓴 경우

3 민주 정치의 원리와 국가 기관의 역할 (1)

27쪽 기본 개념 문제

1 국민 주권 2 ○ 3 국회 4 인사 청문회 5 ×

28쪽~29쪽 문제 학습

1 국민 주권 2 헌법 3 ⓔ 국가가 함부로 국민의 권리를 침해할 수 없다는 것을 의미합니다. 4 ⓛ
5 ⓛ 6 ③ 7 ② 8 ⓔ 법은 민주주의 국가에서 일어나는 문제들을 해결하는 기준이 되기 때문입니다.
9 예산 10 (1) ⓛ (2) ⓘ 11 국회 의원 12 ⑤

1 우리나라 헌법에서는 주권이 국민에게 있음을 분명히 하고 있으며, 이를 실현하려고 국민의 자유와 권리를 법으로 보장하고 있습니다.

2 우리나라 헌법에는 국민 주권의 원리가 나타나 있습니다.

> **자료 다시 보기**
>
> **헌법에 담긴 국민 주권**
>
> | 대한민국 헌법 |
> | --- |
> | 제1조 제1항
대한민국은 민주공화국이다.
제1조 제2항
대한민국의 주권은 국민에게 있고, 모든 권력은 국민으로부터 나온다. |
>
> • 우리나라 헌법에는 국민 주권의 원리가 나타나 있으며, 이는 국가가 함부로 국민의 원리를 침해할 수 없다는 것을 의미합니다.

3 국민 주권이란 국민이 한 나라의 주인으로서 나라의 중요한 일을 결정하는 권리로, 나라의 주인인 국민 모두가 가지는 것입니다.

채점 기준	상	국가가 함부로 국민의 권리를 침해할 수 없다는 것을 의미한다고 쓴 경우
	중	국민 주권이 중요하다고만 쓴 경우

4 1987년 6월 민주 항쟁의 결과로 당시 여당 대표가 직선제를 포함한 민주화 요구를 받아들이겠다고 6·29 민주화 선언을 발표하였습니다.

5 신분과 방송을 통제하는 것은 국민 주권이 드러나는 사례로 적절하지 않습니다.

6 국회 의원들은 국회에 모여 법률, 예산 등과 관련된 국회의 중요한 일을 결정합니다.

7 국회에서는 법을 만드는 일을 하며, 법을 고치거나 없애기도 합니다.

8 국회는 법을 고치거나 없애기도 합니다.

채점 기준	상	법은 민주주의 국가에서 일어나는 문제들을 해결하는 기준이 된다고 알맞게 쓴 경우
	중	법은 문제를 해결하는 기준이라고만 쓴 경우

9 국회는 정부에서 계획한 예산안을 살펴보고, 이미 사용한 예산이 잘 쓰였는지를 검토합니다.

10 국회에서는 국정 감사를 통해 행정부가 법에 따라 일을 잘하고 있는지 감독하며, 잘못한 일이 있으면 바로잡도록 요구합니다.

> **자료 다시 보기**
>
> **국회에서 하는 일**
>
> | 법을 만드는 일 | • 법을 만드는 일을 하며, 법을 고치거나 없애기도 함.
• 이러한 점에서 국회를 입법부라고 부르기도 함. |
> | --- | --- |
> | 예산을 심의하여 확정하는 일 | 행정부에서 계획한 예산안을 살펴보고, 이미 사용한 예산이 잘 쓰였는지를 심사함. |
> | 행정부를 살펴보는 일 | • 국정 감사를 통해 행정부가 법에 따라 일을 잘하고 있는지 감독하며, 잘못한 일이 있으면 바로잡도록 요구함.
• 인사 청문회를 통해 고위 공무원이 될 사람이 적합한 능력을 갖추었는지 확인함. |

▲ 국정 감사 ▲ 인사 청문회

11 우리나라에서는 4년마다 선거를 통해 국민의 대표인 국회 의원을 선출합니다.

12 행정부의 최고 책임자는 대통령입니다. 국회 의원은 국민의 대표로, 나라의 중요한 일을 의논하고 결정하는 일을 합니다.

③ 민주 정치의 원리와 국가 기관의 역할 (2)

31쪽 기본 개념 문제

1 행정부 2 × 3 국방부 4 법원 5 3심 제도

32쪽~33쪽 문제 학습

1 ④ 2 국무 회의 3 ① 4 ㉠, **예** 행정부의 최고
책임자는 대통령이기 때문입니다. 5 ⑤ 6 ㉢, ㉣
7 법원 8 ③ 9 헌법 재판소 10 **예** 법원은 외부
의 영향이나 간섭을 받지 않아야 하기 때문입니다.
11 3심 제도 12 ④

1 대통령이 외국을 방문하거나 특별한 이유로 일하지
못하면 국무총리가 대통령의 임무를 대신합니다.

2 국무 회의는 행정부의 주요 정책을 심의하는 최고
의 심의 기관으로 의장인 대통령과 부의장인 국무
총리, 국무 위원으로 구성됩니다.

3 ① 대통령의 임기는 5년입니다.

4 국무총리는 대통령을 도와 각 부를 관리합니다.

채점 기준	상	㉠을 쓰고, 행정부의 최고 책임자는 대통령이라고 알맞게 쓴 경우
	중	㉠을 썼으나 틀린 까닭을 미흡하게 쓴 경우

5 ㉢ 국무총리는 대통령을 도와 행정 각 부를 관리합
니다.

자료 다시 보기

행정부의 구성

대통령	외국에 대해 우리나라를 대표하며, 행정부의 최고 책임자로 나라의 중요한 일을 결정함.
국무총리	• 대통령을 도와 각 부를 관리함. • 대통령이 외국을 방문하거나 특별한 이유로 일하지 못하면 대통령의 임무를 대신함.
행정 각 부	장관과 차관, 그리고 많은 공무원이 국민의 안전과 행복을 위해 여러 가지 일을 함.

6 ㉠은 국방부, ㉡은 기상청에서 하는 일입니다.

7 법원은 법에 따라 재판을 하는 곳입니다.

8 법원은 법을 만드는 곳이 아니라, 법에 따라 재판을
하는 곳입니다.

자료 다시보기

법원에서 하는 일

사람들 사이의 다툼을 해결함.

법을 지키지 않은 사람을 처벌함.

개인과 국가, 지방 자치 단체 사이에서
생긴 갈등을 해결함.

• 법원에서는 사람들 사이의 다툼을 재판으로 해결하고, 법을
어긴 사람을 처벌하여 사회의 질서를 유지합니다.
• 개인과 국가, 지방 자치 단체 사이에서 생긴 갈등을 해결해
주기도 합니다.

9 헌법 재판소에서 중요한 결정을 내릴 때에는 아홉
명의 재판관 중 여섯 명 이상이 찬성해야 합니다.

10 법원은 공정한 재판으로 국민의 자유와 권리를 보
장하며, 법관은 헌법과 법률에 따라 공정하게 판결
을 내려야 합니다.

채점 기준	상	법원은 외부의 영향이나 간섭을 받지 않아야 한다고 알맞게 쓴 경우
	중	공정한 재판을 위해서라고만 쓴 경우

11 국민이 공정한 재판을 받을 수 있도록 한 사건에 원
칙적으로 세 번까지 재판을 받을 수 있는 3심 제도
를 두고 있습니다.

12 재판할 때 증거가 부족하거나 판사가 잘못된 판단
을 하여 억울한 판결을 받는 사람이 있을 수 있기
때문에 3심 제도를 실시합니다.

3 민주 정치의 원리와 국가 기관의 역할 (3)

35쪽 기본 개념 문제

1 한곳에 2 × 3 ○ 4 삼권 분립 5 ○

36쪽~37쪽 문제 학습

1 ⑤ 2 **예** 왕 한 사람에게 권력이 집중되어 있었기 때문입니다. 3 (1) ○ 4 ㉠, ㉡ 5 삼권 분립 6 ㉠ 입법권 ㉡ 행정권 ㉢ 사법권 7 ㉠ 국회 ㉡ 행정부 ㉢ 법원 8 **예** 한 기관이 국가의 중요한 일을 마음대로 처리할 수 없도록 서로 견제하고 균형을 이루게 하여 국민의 자유와 권리를 지키기 위해서입니다. 9 대정부 질문 10 공청회 11 ① 12 ⑤

1 한 기관이 국가의 중요한 일을 마음대로 처리할 수 없도록 서로 견제하고 균형을 이루게 하여 국민의 자유와 권리를 지키려 합니다.

2 국가의 중요한 일을 결정하는 권력이 한곳에 집중되면 국민의 자유와 권리가 침해받을 수 있습니다.

채점 기준	상	왕인 루이 14세 한 사람에게 권력이 집중되어 있었다고 쓴 경우
	중	왕을 말릴 사람이 없었다고만 쓴 경우

3 한 사람이 모든 일을 결정하면 국민의 자유와 권리가 제한될 가능성이 큽니다.

4 독재 강화와 대통령 간선제는 민주 정치의 원리가 아닙니다.

5 권력 분립을 하면 한 기관이 국가의 중요한 일을 마음대로 처리할 수 없습니다.

6 우리나라는 국가 권력을 국회, 행정부, 법원이 나누어 맡습니다.

7 삼권 분립은 국가 권력을 국회, 행정부, 법원이 나누어 맡는 제도를 말합니다.

8 국회, 행정부, 법원이 견제하고 균형을 이룸으로써, 국민의 자유와 권리를 보장합니다.

채점 기준	상	서로 견제하고 균형을 이루게 하여 국민의 자유와 권리를 지키기 위해서라고 쓴 경우
	중	서로 견제하고 균형을 이루게 하기 위해서라고만 쓴 경우

자료 다시 보기

삼권 분립의 원리

국회
국가를 다스리는 법을 만든다.

행정부
법에 따라 국가 살림을 한다.

법원
법에 따라 재판을 한다.

9 국회는 대정부 질문을 통해 행정부를 견제합니다.

10 국회에서는 공청회를 열어 전통 시장 상인들이 겪고 있는 어려움을 알아보고 대형 할인점을 규제하는 방안을 찾아보았습니다.

11 국회에서는 법을 만드는 일을 합니다.

12 법률이 헌법에 어긋나지 않는지 판단하는 곳은 헌법 재판소입니다.

38쪽~39쪽 교과서 통합 핵심 개념

1 이승만 2 박정희 3 직선제 4 갈등 5 자유 6 다수 7 권리 8 행정부

40쪽~42쪽 단원 평가 ❶회

1 ③ 2 **예** 민주주의가 실현될 3 ① 4 ③ 5 ㉡, ㉢ 6 ③ 7 **예** 모든 국민이 나라의 주인으로서 권리를 갖고, 그 권리를 자유롭고 평등하게 행사하는 정치 제도입니다. 8 ⑤ 9 ② 10 실천 11 국민 12 **예** 예산의 대부분은 국민이 낸 세금으로 마련되기 때문입니다. 13 행정부 14 ① 15 ㉡, ㉢

1 4월 19일에 전국은 "3·15 선거는 불법 선거이다.", "정부는 마산 사건을 책임져라." 등의 구호로 가득했습니다. ③ 이승만 정부는 시위를 무력으로 진압했고 많은 시민과 학생들이 죽거나 다쳤습니다.

2 박정희가 죽은 이후 사람들은 독재 정치가 끝나고 민주주의 사회가 실현될 것이라고 기대했습니다.

채점	상	민주주의 사회가 실현될 것이라는 내용을 쓴 경우
기준	중	더 나은 사회가 될 것이라고만 쓴 경우

3 전두환은 신문과 방송을 통제해 정부를 비판하는 내용을 내보내지 않고 유리한 내용만 전하도록 했습니다.

4 1987년에 학생들과 시민들은 전두환 정부의 독재에 반대하고 대통령 직선제를 요구하며 전국 곳곳에서 시위를 벌였습니다. 결국 당시 여당 대표였던 노태우는 직선제를 포함한 민주화 요구를 받아들이겠다고 발표했습니다.

5 6월 민주 항쟁의 결과, 6·29 민주화 선언이 발표됨에 따라 대통령 직선제와 지방 자치제가 시행되었습니다.

6 우리는 가정, 학급, 학교, 지역에서 생기는 문제를 해결하며 정치를 경험합니다.

7 우리나라를 비롯한 여러 나라가 민주주의를 채택하고 있습니다.

채점	상	모든 국민이 권리를 갖고, 그 권리를 행사하는 정치 제도라고 쓴 경우
기준	중	국민이 나라의 주인인 정치 제도라고만 쓴 경우

8 평등 선거란 재산, 성별, 교육 수준 등에 관계없이 누구나 한 표씩만 행사할 수 있는 민주 선거의 기본 원칙입니다.

9 나와 다른 의견을 인정하고 포용하는 태도를 관용이라고 합니다.

10 함께 결정한 일을 따르거나 실제로 행동하는 것을 실천이라고 합니다.

11 우리나라 헌법에서는 주권이 국민에게 있음을 분명히 하고 있습니다.

12 국회는 행정부에서 계획한 예산안을 살펴보고, 이미 사용한 예산이 잘 쓰였는지 검토합니다.

채점	상	국민이 낸 세금으로 예산이 마련된다는 내용을 알맞게 쓴 경우
기준	중	국회 의원이 나라의 중요한 일을 의논하고 결정하기 때문이라고 쓴 경우

13 국회에서 만든 법에 따라 다양한 정책을 만들고 시행하는 국가 기관을 행정부라고 합니다.

14 공정한 재판을 위해서는 법원이 외부의 영향이나 간섭을 받지 않아야 합니다.

15 삼권 분립은 국가 기관이 권력을 나누어 가지고 서로 감시하는 민주 정치의 원리입니다. ㉠ 국민의 자유와 권리를 지키고, ㉣ 한 기관이 국가의 중요한 일을 마음대로 처리할 수 없도록 하기 위해서입니다.

43쪽~45쪽 단원 평가 2회

1 3·15 부정 선거 2 ① 3 ④ 4 ② 5 지방 자치제 6 예 모든 사람이 신분이나 재산, 성별 등과 관계없이 누구나 정치에 참여할 수 있게 되었습니다. 7 민주주의 8 ② 9 ③ 10 예 쉽고 빠르게 문제를 해결할 수 있습니다. 11 ㉠, ㉡, ㉣ 12 태현 13 ⑤ 14 ① 15 예 한 기관이 국가의 중요한 일을 마음대로 처리할 수 없도록 서로 견제하고 균형을 이루게 하여 국민의 자유와 권리를 지키기 위해서입니다.

1 이승만 정부는 정부통령 선거에서 이기려고 부정 선거를 계획했고, 불법적인 방법으로 당선되었습니다.

2 4·19 혁명 이후 시위가 더욱 거세지자 이승만은 시민들의 요구를 더 이상 무시할 수 없었습니다. ① 4·19 혁명의 결과 3·15 부정 선거는 무효가 되었습니다.

3 5·18 민주화 운동 과정에서 많은 사람이 다치거나 희생되었습니다.

4 6·29 민주화 선언은 대통령 직선제, 언론의 자유 보장, 지방 자치제, 지역감정 없애기 등의 내용을 담고 있습니다.

5 6월 민주 항쟁의 결과 대통령 직선제와 지방 자치제가 시행되었습니다.

6 오늘날 민주주의 국가에서는 신분이나 재산, 성별 등과 관계없이 모든 국민이 국가의 주인이 되어 사회의 문제를 해결하는 과정에 참여합니다.

채점	상	모든 사람이 신분이나 재산, 성별 등과 관계없이 누구나 정치에 참여할 수 있다고 쓴 경우
기준	중	모든 사람이 정치에 참여할 수 있다고만 쓴 경우

7 가족회의, 주민 자치회, 공청회 등은 민주주의의 예시입니다.

8 민주주의 사회에서는 공정한 선거를 위해 보통 선거, 평등 선거, 직접 선거, 비밀 선거의 원칙에 따라 투표가 이루어지고 있습니다.

9 민주주의를 실천하기 위해 관용, 비판적 태도, 양보와 타협 등의 자세가 필요합니다. ③ 다른 사람의 의견을 무시하는 태도는 바람직하지 않습니다.

10 다수결의 원칙을 사용하면 쉽고 빠르게 문제를 해결할 수 있지만, 소수의 의견이 무시될 수 있다는 단점도 있습니다.

11 우리나라 국민들은 4·19 혁명, 5·18 민주화 운동, 6월 민주 항쟁 등을 통해 국민의 주권을 지키려고 노력했습니다.

12 태현이는 법원에 대한 설명을 하고 있습니다.

13 ⑤는 국회에서 하는 일입니다.

14 ①은 국회에서 하는 일입니다.

15 한 기관에 권력이 집중되면 여러 가지 문제가 생길 수 있습니다.

채점 기준	상	서로 견제하고 균형을 이루게 하기 위해서라고 쓴 경우
	중	견제나 균형 중 한 가지 단어만 쓴 경우

46쪽 수행 평가 ❶회

1 4·19 혁명   2 ⓔ 이승만이 대통령 자리에서 물러났습니다. 3·15 부정 선거가 무효가 되었습니다. 3 ⓔ 민주적인 절차와 과정을 무시하고 들어선 정권은 국민 스스로 바로잡아야 한다는 것을 알게 되었습니다. 민주주의에 대한 국민들의 관심이 높아졌습니다.

1 시민들과 학생들이 이승만 정부의 독재와 3·15 부정 선거로 짓밟힌 민주주의를 바로 세우고자 거리로 나선 사건을 4·19 혁명이라고 합니다.

2 4·19 혁명의 결과 새로운 헌법이 만들어졌고, 선거를 통해 새로운 정부가 세워졌습니다.

채점 기준	상	4·19 혁명의 결과 두 가지를 알맞게 쓴 경우
	중	4·19 혁명의 결과를 한 가지만 알맞게 쓴 경우

3 국민들은 4·19 혁명을 계기로 민주적인 절차와 과정을 무시하고 들어선 정권은 국민 스스로 바로잡아야 한다는 교훈을 얻게 되었습니다.

채점 기준	상	예시 답안에 제시된 내용을 알맞게 쓴 경우
	중	예시 답안에 제시된 내용을 썼으나 다소 미흡한 경우

47쪽 수행 평가 ❷회

1 평등 선거   2 ⓔ 누구에게 투표했는지 다른 사람이 알 수 없어야 합니다.   3 ⓔ 오늘날에는 모든 사람이 한자리에 모여 지역의 중요한 일을 결정하기가 어렵기 때문에 선거를 합니다.

1 민주주의 사회에서는 공정한 선거를 위해 보통 선거, 평등 선거, 직접 선거, 비밀 선거의 원칙에 따라 투표가 이루어지고 있습니다.

2 자신이 어떤 후보를 선택했는지 다른 사람에게 비밀로 해야 합니다.

채점 기준	상	누구에게 투표했는지 다른 사람이 알 수 없어야 한다고 쓴 경우
	중	비밀 선거의 의미를 썼으나 다소 미흡한 경우

3 국민이 자신들을 대표하는 사람을 직접 뽑는 선거는 민주주의의 기본입니다.

채점 기준	상	예시 답안에 제시된 내용을 알맞게 쓴 경우
	중	대표자를 뽑기 위해서라고만 쓴 경우

48쪽 수행 평가 ❸회

1 삼권 분립   2 ⓔ 법에 따라 나라의 살림을 맡아서 합니다.   3 ⓔ 한 기관이 국가의 중요한 일을 마음대로 처리할 수 없도록 서로 견제하고 균형을 이루게 하여 국민의 자유와 권리를 지키기 위해서입니다.

1 우리나라는 국가 권력을 국회, 행정부, 법원이 나누어 맡습니다.

2 행정부 조직은 대통령을 중심으로 국무총리와 여러 행정 부서 등으로 구성됩니다.

채점 기준	상	법에 따라 나라의 살림을 맡아서 한다고 쓴 경우
	중	나라의 살림을 맡아서 한다고만 쓴 경우

3 삼권 분립은 국가 권력을 국회, 행정부, 법원이 나누어 맡는 제도를 말합니다.

채점 기준	상	'견제', '균형', '국민의 자유와 권리' 세 가지 단어를 모두 사용하여 알맞게 쓴 경우
	중	'견제', '균형', '국민의 자유와 권리' 세 가지 단어 중 두 가지만 사용하여 알맞게 쓴 경우

2. 우리나라의 경제 발전

① 우리나라 경제 체제의 특징 (1)

51쪽 기본 개념 문제

1 가계 **2** × **3** 기업 **4** 이윤 **5** 합리적

52쪽~53쪽 문제 학습

1 ㉡ **2** ㉢ **3** 소득 **4** 예 기업에서 생산한 물건이나 서비스를 구매합니다. **5** 이윤 **6** ④ **7** ㉠ 기업 ㉡ 가계 **8** ④ **9** 적은, 큰 **10** 예 가계의 소득이 한정되어 있기 때문입니다. 합리적 선택을 하지 않으면 같은 비용을 들이고도 만족감이 떨어질 수 있기 때문입니다. **11** 예훈, 정민 **12** ③

1 경제활동에 참여하는 가계, 기업, 정부를 경제 주체라고 합니다. 가계는 가정 살림을 함께하는 생활 공동체입니다.

2 기업은 이윤을 얻기 위해 필요한 물건이나 서비스를 생산하여 판매하는 집단을 말합니다.

3 가계는 기업의 생산 활동에 참여하는 대가로 소득을 얻어 경제활동을 합니다.

4 가계는 생산 활동에 참여한 대가로 소득을 얻어 기업에서 생산한 물건이나 서비스를 구매합니다.

채점 기준	상	물건과 서비스를 구매한다고 쓴 경우
	중	소비를 한다고만 쓴 경우

자료 다시보기
가계의 경제적 역할

기업에 노동력을 제공함으로써 생산 활동에 참여함.	생산 활동을 통해 소득을 얻어 기업에서 생산한 물건이나 서비스를 구매함.

5 이윤은 물건이나 서비스를 생산·판매해 얻게 되는 순수한 이익입니다. 기업은 이윤을 얻기 위해 생산 활동을 합니다.

6 기업은 사람들에게 일자리를 제공하고, 사람들이 생활하는 데 필요한 물건을 판매하거나 서비스를 제공해 이윤을 얻습니다. ④ 소비 활동은 가계가 하는 일입니다.

자료 다시 보기
기업이 하는 일
- 사람들의 생활에 필요한 물건이나 서비스를 만들어 판매합니다.
- 가계에 일자리를 제공합니다.
- 가계의 노동력을 사용한 대가로 임금을 줍니다.

7 가계는 노동력을 기업에 제공하여 그 대가로 소득을 얻고, 기업은 물건이나 서비스를 생산하여 시장에 공급합니다. 가계는 시장에서 생산 활동의 대가로 얻은 소득으로 물건이나 서비스를 구매하고 기업은 이를 통해 이윤을 얻습니다.

8 가계와 기업은 시장에서 물건이나 서비스를 거래하고, 서로 도움을 주고받는 관계입니다.

9 가계는 소득 범위 안에서 가장 적은 비용으로 가장 큰 만족을 얻도록 합리적 선택을 합니다. 가계의 합리적 선택에서 가장 중요한 것은 만족감을 높이는 것입니다.

10 가계는 물건과 서비스를 소비하여 만족감을 얻는데 소득은 한정되어 있습니다.

채점 기준	상	예시 답안 중 한 가지를 알맞게 쓴 경우
	중	예시 답안 중 한 가지를 썼으나 그 내용이 미흡한 경우

이런 답도 가능해!
사람들이 원하는 것에 비해 자원이 부족하기 때문입니다.

11 선택 기준에 따라 여러 물건을 비교하고 평가해서 가장 좋은 것을 골라야 합니다.

자료 다시 보기
가계의 합리적 선택 과정
1 어떤 물건을 살지 우선순위를 정합니다.
2 상품을 선택할 때 고려해야 할 기준을 세웁니다.
3 선택 기준에 따라 여러 상품을 비교·평가합니다.
4 가장 적은 비용으로 가장 큰 만족을 얻도록 합리적 선택을 합니다.

12 속도가 가장 빠른 것이 중요하다고 했으므로 제시된 노트북 중에서 속도가 가장 빠른 것을 골라야 합니다.

① 우리나라 경제 체제의 특징 (2)

55쪽 기본 개념 문제

1 이윤 **2** 소비자 **3** ○ **4** 시장 **5** 전통 시장

56쪽~57쪽 문제 학습

1 최소한, 많은 **2** ④ **3** ㉠, ㉡ **4** ⑩ 기업이 사람들이 원하는 것을 모두 생산할 수 없기 때문에 적은 비용으로 많은 이윤을 얻는 선택을 해야 합니다. **5** ㉡ **6** ④ **7** ㉣ **8** 시장 **9** (1) ㉠ (2) ㉡ **10** ② **11** ⑩ 홈 쇼핑이나 인터넷 쇼핑을 이용하면 언제 어디에서든지 물건을 구매할 수 있습니다. **12** ③

1 기업의 합리적 선택은 비용을 최소화하고 이윤을 최대화하는 것입니다.

2 기업은 생산할 물건의 종류, 물건의 모양, 생산 비용, 홍보 방법 등을 고려하여 합리적 선택을 해야 합니다.

> **자료 다시 보기**
>
> **기업이 합리적 선택을 할 때 고려할 점**
> • 어떤 물건을 생산할지 고민합니다.
> • 물건을 얼마나, 어떻게 생산할지 결정합니다.
> • 소비자에게 물건을 많이 판매할 수 있는 방법을 생각합니다.

3 ㉢ 이윤을 가장 많이 남길 수 있는 방법을 고민해야 합니다.

4 기업이 생산할 수 있는 물건과 서비스의 양이 정해져 있기 때문에 합리적 선택이 필요합니다.

채점 기준	상	사람들이 원하는 것을 모두 생산할 수 없기 때문에 적은 비용으로 많은 이윤을 얻는 선택을 해야 한다고 쓴 경우
	중	이윤을 많이 얻기 위해서라고만 쓴 경우

5 종류별 자전거 판매 순위 그래프를 살펴보면 네발자전거가 가장 잘 팔리는 것을 알 수 있습니다.

6 연도별 자전거 제조 회사 수 그래프를 보면 갈수록 회사의 수가 늘어나고 있으므로 광고를 적극적으로 해야 합니다. ① 네발자전거 판매량이 가장 많으므로 네발자전거의 생산을 늘려야 합니다. ② 생산 비용보다 비싸게 팔아야 이윤이 남습니다. ③ 가격은 회사가 각자 정해야 합니다. ⑤ 자전거 판매량이 늘어나고 있으므로 생산을 늘려야 합니다.

7 ㉣ 더 많은 이윤을 얻기 위해서는 물건의 품질을 높여야 합니다.

> **자료 다시 보기**
>
> **합리적 선택을 하기 위한 기업의 다양한 노력**
> • 새로운 물건과 서비스를 계속해서 개발합니다.
> • 제품의 품질을 높이기 위해 꾸준히 노력합니다.
> • 상품을 보다 많은 소비자에게 알리려고 열심히 홍보합니다.

8 가계와 기업은 다양한 형태의 시장에서 만납니다.

9 기업이 시장에 생산품을 제공하면 가계는 시장에서 기업의 생산품을 구입하며 이 과정에서 경제활동이 이루어집니다.

10 전통 시장은 여러 기업에서 생산한 물건을 직접 살펴보고 살 수 있는 시장입니다. ② 전통 시장은 옛날부터 있던 시장입니다.

11 기업은 홈 쇼핑이나 인터넷 쇼핑에 생산품을 제공하고 가계는 집이나 인터넷을 활용할 수 있는 곳이라면 언제 어디에서든지 물건을 구입할 수 있습니다.

> **채점 tip** 언제 어디에서든지 물건을 구매할 수 있다고 썼으면 정답으로 합니다.

> **이런 답도 가능해!**
>
> 시장에 직접 갈 필요 없이 물건을 살 수 있습니다.

12 일자리 시장은 일하는 사람과 일할 사람을 구하는 기업을 서로 연결해 주는 시장입니다.

> **자료 다시 보기**
>
> **물건이 아닌 것을 사고파는 시장**
>
> ▲ 주식 시장　　▲ 부동산 시장
>
> ▲ 일자리 시장

❶ 우리나라 경제 체제의 특징 (3)

기본 개념 문제

1 자유 **2** × **3** 경쟁 **4** 기업 **5** 공정

문제 학습

1 ⓒ, ⓔ **2** 예 자신의 능력과 적성에 따라 자유롭게 직업을 선택할 수 있습니다. **3** 경쟁 **4** ㉠, ㉣ **5** ①, ④ **6** ⑤ **7** ㉠ 내렸지만 ㉡ 올랐습니다 **8** ① **9** 가영 **10** ㉠, ㉢ **11** ① **12** 예 공정한 경제활동의 기준이 되는 법과 제도를 만듭니다. 기업끼리 상의하여 마음대로 물건의 가격을 올릴 수 없도록 감시합니다. 허위 광고, 과장 광고를 하지 못하도록 감시합니다.

1 ㉠ 개인은 자신의 능력과 적성에 따라 자유롭게 직업을 선택할 수 있습니다. ㉣ 기업은 이윤을 어떻게 사용할지 자유롭게 결정할 수 있습니다.

자료 다시 보기

경제활동의 자유

▲ 직업 선택의 자유

▲ 소득을 자유롭게 사용할 자유

▲ 생산 활동의 자유

▲ 이윤을 자유롭게 사용할 자유

2 개인은 직업 선택 및 직업 활동의 자유를 가집니다.

채점 기준	상	능력과 적성에 따라 자유롭게 직업을 선택할 수 있다고 쓴 경우
	중	원하는 직업을 가질 수 있다고만 쓴 경우

3 제시된 그림은 더 많은 이윤을 얻기 위해서 다른 기업과 경쟁하는 모습입니다.

4 개인은 좋은 일자리를 얻고, 다른 사람과의 경쟁에서 앞서고자 자신의 능력을 개발합니다. ㉡, ㉢ 기업의 경쟁 모습입니다.

5 경제활동의 자유와 경쟁이 우리나라 경제의 특징입니다.

6 개인과 기업의 자유로운 경쟁은 국가 전체의 경제 발전에 도움을 줍니다. ⑤ 기업들의 자유로운 경쟁으로 물건 가격을 조절하여 더 싼값에 물건을 살 수 있는 경우도 있습니다.

자료 다시 보기

자유롭게 경쟁하는 경제활동의 좋은 점

개인은 자신의 재능과 능력을 더 잘 발휘할 수 있음.

소비자는 원하는 조건의 물건을 살 수 있음.

기업은 기술 개발을 통해 우수한 품질의 물건을 생산할 수 있음.

소비자는 더 좋은 서비스를 받을 수 있음.

7 제시된 자료를 통해 인기 있는 음료수를 만드는 회사끼리 마음대로 가격을 올렸음을 알 수 있습니다.

8 ① 정부는 기업끼리 가격을 상의해 올릴 수 없도록 감시해야 합니다.

9 우리 경제에서 기업들은 자유롭게 경제활동을 할 수 있지만 공정하지 못한 행동을 하는 경우도 있습니다.

10 기업이 허위·과장 광고를 하거나 몸에 좋지 않은 재료로 물건을 생산하는 것은 불공정한 행동입니다. ㉡, ㉣은 자유롭게 경쟁하는 기업의 모습입니다.

11 기업이 공정하지 못한 행동을 하면 소비자에게 피해를 줄 수 있습니다.

12 이 외에도 여러 기업에서 물건을 만들어 팔 수 있도록 지원합니다.

채점 기준	상	제시된 예시 답안 중 두 가지를 모두 알맞게 쓴 경우
	중	제시된 예시 답안 중 한 가지만 알맞게 쓴 경우

2 우리나라의 경제 성장 (1)

63쪽 기본 개념 문제

1 소비재 2 5 3 경공업 4 × 5 1980

64쪽~65쪽 문제 학습

1 6·25 전쟁 2 ①, ④ 3 예 1960년대 정부는 기업이 수출할 수 있도록 정유 시설, 고속 도로, 항만, 발전소 등을 건설하였습니다. 4 ④ 5 (1) ㉠ (2) ㉡ 6 ③ 7 ㉠, ㉢ 8 예 중화학 공업 육성 계획을 발표하였습니다. 기업에 많은 돈을 낮은 이자로 빌려주었습니다. 교육 시설과 연구소를 만들어 지원했습니다. 9 조선 산업 10 ㉠, ㉡, ㉣ 11 ⑤ 12 ㉠, ㉢, ㉣

1 우리나라는 6·25 전쟁으로 파괴된 여러 시설을 복구하고 경제적으로 자립하기 위해 공업을 발전시키는 데 힘을 모았습니다.

2 1950년대에는 생활에 필요한 물품을 만드는 식료품 공업, 섬유 공업 등 소비재 산업이 주로 발전했습니다.

자료 다시보기

1950년대 산업의 발전

▲ 밀가루를 생산하는 근로자들

- 농업 중심의 산업 구조를 공업 중심으로 변화시키려고 노력했습니다.
- 값싼 원료로 생활에 필요한 식료품, 섬유 등을 만드는 소비재 산업이 주로 발달했습니다.

3 1960년대 정부는 다양한 기반 시설을 건설하여 기업이 제품을 생산하고 운반해 수출할 수 있도록 도왔습니다.

채점 기준	상	기업이 수출할 수 있도록 관련 시설을 건설했다고 쓴 경우
	중	정유 시설, 발전소 등을 건설했다고만 쓴 경우

4 1960년대 우리나라는 자원과 기술은 부족하였지만 노동력이 값싸고 풍부하여 이를 이용하여 가발, 의류, 신발 등을 생산하는 경공업이 발전하였습니다.

5 우리나라는 1960년대에는 경공업 중심, 1970년대 이후부터는 중화학 공업 중심으로 경제가 발전했습니다.

6 1970년대 정부는 철강, 석유, 기계, 조선 등 중화학 공업을 발전시키기 위해 다양한 방법으로 노력했습니다.

자료 다시 보기

1970년대 이후 발달한 중화학 공업

7 1970년대 제품을 생산하는 데 필요한 재료를 만드는 산업인 철강 산업과 석유 화학 산업이 빠르게 발전하였습니다.

8 정부는 1970년대 중화학 공업을 발전시키기 위해 다양한 노력을 했습니다.

채점 tip 예시 답안 중 한 가지를 알맞게 썼으면 정답으로 합니다.

이런 답도 가능해!

중화학 공업 단지를 조성하였습니다.

9 1970년대에 세계에서 우리나라의 선박을 만드는 기술력을 인정받아 대형 선박의 수출이 증가하였습니다. 이후 조선 산업이 우리나라의 수출을 이끄는 산업으로 성장하였습니다.

10 1980년대에는 자동차 산업, 기계 산업, 전자 산업 등이 크게 성장하면서 자동차, 기계 부품, 텔레비전 등의 수출이 늘어났습니다. ㉢ 섬유 공업은 1950~1960년대에 발전했던 산업입니다.

11 ⑤ 1985년에는 경공업보다 중화학 공업의 비중이 커졌습니다.

12 ㉡ 우리나라의 산업 구조가 경공업에서 중화학 공업 중심으로 바뀌면서 수출액과 국민 소득이 빠르게 증가했습니다.

2 우리나라의 경제 성장 (2)

67쪽 기본 개념 문제

1 반도체 **2** × **3** 서비스 **4** 국내 총생산 **5** 한류

68쪽~69쪽 문제 학습

1 반도체 **2** ⑩ 컴퓨터와 가전제품의 생산이 늘어나면서 핵심 부품인 반도체의 중요성이 커졌기 때문입니다. **3** ㉠, ㉢ **4** ② **5** 서비스 산업 **6** (1) ○ (2) × (3) ○ **7** ㉠ **8** 2020 **9** ⑩ 크게 증가했습니다. **10** ③ **11** ③ **12** 한류

1 오늘날 우리나라는 뛰어난 기술력으로 세계 반도체 시장에서 높은 점유율을 유지하며 반도체 강국으로 인정받고 있습니다.

2 우리나라의 대표적인 수출 품목인 반도체는 다양한 전자 제품에 들어가는 핵심 부품입니다.

> 채점 tip 컴퓨터와 가전제품의 생산이 늘어났기 때문이라는 내용이 있으면 정답으로 합니다.

3 1990년대에 전국에 걸쳐 만들어진 초고속 정보 통신망을 통해 사람들 간에 유용한 정보가 빠르게 오갈 수 있게 되면서 경제가 성장했습니다.

4 2000년대 이후부터 우주 항공 산업, 생명 공학 산업, 금융 산업, 의료 서비스 산업 등도 발전하고 있습니다. ② 철강 산업은 1970년대부터 발달하였습니다.

> 자료 다시 보기
> **2000년대 이후 발달한 산업**
> | 첨단 산업 | 로봇 산업, 우주 항공 산업, 신소재 산업, 생명 공학 산업 등 높은 기술력을 요구하는 첨단 산업이 발달하였음. |
> | --- | --- |
> | 서비스 산업 | 문화 콘텐츠 산업, 금융 산업, 의료 산업, 관광 산업 등 사람들에게 즐거움과 편리함을 제공하는 다양한 서비스 산업이 빠르게 발달하였음. |

5 2000년대 이후 사람들에게 즐거움을 주고 삶을 편리하게 해 주는 다양한 서비스 산업이 발달하고 있습니다.

6 ② 우리나라의 경제는 새로운 산업의 발달로 더욱 성장하면서 국제 사회에서 우리나라의 위상이 높아졌습니다.

7 ㉠은 국내 총생산의 변화, ㉢은 1인당 국민 총소득의 변화를 나타낸 것입니다.

> 자료 다시 보기
> **국내 총생산과 1인당 국민 총소득**
> | 국내 총생산 | 일정 기간에 한 나라 안에서 생산된 물건과 서비스의 양을 돈으로 계산해 합한 것 |
> | --- | --- |
> | 1인당 국민 총소득 | 일정 기간에 한 나라의 국민이 벌어들인 소득을 그 나라의 인구로 나눈 것 |
> 우리나라의 경제 성장을 보여 주는 국내 총생산과 1인당 국민 총소득이 크게 증가하였습니다.

8 우리나라의 경제가 성장하면서 1인당 국민 총소득은 1975년에 비해 2020년에 약 120배 증가하였습니다.

9 제시된 국내 총생산과 1인당 국민 총소득의 변화를 살펴보면 우리 경제가 꾸준히 성장하는 것을 알 수 있습니다.

> 채점 tip 크게 증가했다는 의미로 썼으면 정답으로 합니다.

10 ①은 2000년대, ②는 1980년대, ③은 1960년대, ④는 1970년대의 모습입니다.

> 자료 다시 보기
> **경제 성장으로 변화한 시대별 생활 모습**
> | 1960년대 | 1970년대 | 1980년대 |
> | --- | --- | --- |
> | 흑백 텔레비전 보급 | 고속 국도 개통 | 컴퓨터 보급 |
> | 1990년대 | 2000년대 | 2010년대 |
> | 승용차 증가 | 고속 철도 개통 | 스마트폰 대중화 |

11 ③ 오늘날에는 대부분의 사람들이 휴대 전화를 사용하기 때문에 공중전화가 많이 사라졌습니다.

12 한류를 즐기는 외국인이 급증하는 현상은 경제 발전에 큰 기여를 하고 있습니다.

BOOK **1**
개념북

2
단원

2 우리나라의 경제 성장 (3)

71쪽 기본 개념 문제

1 도시 2 × 3 빈부 격차 4 ○ 5 환경

72쪽~73쪽 문제 학습

1 ⑤ 2 ⑤ 3 외환 위기 4 ①, ② 5 도연 6 빈부 격차 7 ⑩ 소득이 적은 사람들에게 생계비, 양육비, 학비 등을 지원합니다. 8 갈등 9 ⑩ 민주적인 대화로 문제를 해결합니다. 정부가 노동자와 경영자가 타협해 문제를 해결하도록 중재합니다. 10 ㉠, ㉡, ㉢ 11 ③ 12 전기

1 농촌 사람들이 도시로 이동하면서 농촌에서 일할 사람이 부족해졌습니다.

자료 다시 보기

농촌 문제와 해결 노력

	■ 촌락 인구 ■ 도시 인구 (단위: %)
1970년	50 / 50
1980년	31 / 69
1990년	18 / 82
2000년	12 / 88
2010년	9 / 91
2019년	8 / 92

▲ 도시와 농촌 인구의 변화

농촌에서 일할 사람이 부족해지자 정부는 농촌 사람들에게 교육을 지원하고, 보조금을 지급하는 등 농촌 문제를 해결하기 위해 노력하고 있습니다.

2 우리나라는 짧은 기간에 급격하게 성장하면서 다양한 사회 문제와 위기를 겪기도 했습니다.

3 우리나라는 1997년에 외환 위기를 겪었지만 국민, 기업, 정부가 함께 힘을 모아 극복했습니다.

4 1997년에 외환 위기를 겪으며 경제가 크게 어려워졌습니다. 외환 위기 당시 많은 회사가 문을 닫고, 실업자 수가 크게 증가했습니다.

5 경제 성장 과정에서 빈부 격차, 노사 갈등, 환경오염과 자원 부족 등의 문제가 발생했습니다. 오늘날 저출산으로 인구는 줄어들고 있고, 경제가 성장하여 생활이 풍요로워졌습니다.

6 경제 성장 과정에서 잘사는 사람과 그렇지 못한 사람의 소득 차이로 빈부 격차가 나타났습니다.

7 정부는 경제적으로 어려움을 겪는 사람들을 위한 제도와 정책을 마련하고 있습니다.

채점 기준	상	소득이 적은 사람들에게 생계비, 양육비, 학비 등을 지원한다고 쓴 경우
	중	소득이 적은 사람들을 위한 제도와 정책을 마련한다고만 쓴 경우

자료 다시 보기

빈부 격차 해결을 위한 노력

▲ 정부의 생계비, 양육비, 학비 지원   ▲ 복지 정책을 위한 여러 법률 제정

▲ 시민 단체의 봉사 활동

8 경제 성장 과정에서 실업자 문제와 노동자와 기업 경영자 사이의 갈등인 노사 갈등 문제가 발생했습니다.

9 노동자와 기업 경영자 간의 갈등을 해결하기 위해서는 노동자, 기업, 정부가 함께 노력해야 합니다.

채점 tip 예시 답안의 내용 중 한 가지를 썼으면 정답으로 합니다.

이런 답도 가능해!
정부와 기업은 더 나은 근무 환경과 안정적인 일자리를 만들고자 노력합니다.

10 급격한 경제 성장으로 환경이 오염되었고, 에너지가 부족해졌습니다. ㉢ 전기 자동차는 매연을 내뿜지 않아 미세 먼지가 발생하지 않습니다.

11 정부, 기업, 시민들은 환경을 보호하고 에너지를 절약하고자 다양한 노력을 하고 있습니다. ③은 일자리를 많이 만들어 노동자와 기업 경영자 사이의 갈등을 줄이기 위한 노력입니다.

12 미세 먼지를 줄이기 위해서는 전기 자동차를 이용해야 합니다.

❸ 세계 속의 우리나라 경제 (1)

| 75쪽 | 기본 개념 문제 |

1 무역 **2** 수출 **3** 수입 **4** × **5** 반도체

| 76쪽~77쪽 | 문제 학습 |

1 (가) ㉠, ㉣ (나) ㉡, ㉢ **2** ㉢ **3** ㉠ 사 오고 ㉡ 팝 니다 **4** 무역 **5** (1) ㉠ (2) ㉡ **6** ㉠, ㉢, ㉣ **7** 예 각 나라는 더 잘 만들 수 있는 물건을 생산하고, 이 를 상호 교류하면서 서로 경제적 이익을 얻을 수 있 습니다. **8** (2) ○ **9** (1) 중국 (2) 중국 **10** 반도체 **11** ④ **12** 예 우리나라는 필요한 원유를 전부 수입 해야 하지만 원유를 가공하고 처리하는 기술이 뛰어 나서 다양한 석유 제품을 수출하기 때문입니다.

1 ○○ 나라는 바나나 등 열대 과일과 원유 등 자원이 풍부하고, △△ 나라는 자동차, 반도체 등을 만드는 기술이 뛰어납니다.

2 ㉢ △△ 나라는 ○○ 나라에서 원유, 목재, 천연고 무 등을 수입하고 있으므로 이러한 자원이 부족함 을 알 수 있습니다.

3 각 나라는 더 잘 만들 수 있는 물건을 생산하고, 부 족한 것은 다른 나라로부터 사 옵니다.

4 무역을 통해 나라 간에 필요한 것을 주고받으면서 서로 경제적 이익을 얻습니다.

5 무역을 할 때 다른 나라에 물건이나 서비스를 파는 것을 수출, 다른 나라에서 물건이나 서비스를 사 오 는 것을 수입이라고 합니다.

6 나라마다 자연환경, 자원, 기술 등에 차이가 있어 더 잘 생산할 수 있는 물건이나 서비스가 다르기 때 문에 무역을 합니다.

> **자료 다시 보기**
>
> **무역을 하는 까닭**
> • 나라마다 자연환경이나 가지고 있는 자원, 기술 등이 서로 다르기 때문에 더 잘 생산하는 물건이나 서비스가 달라서입 니다.
> • 각 나라는 더 잘 만들 수 있는 물건이나 서비스를 생산해 다 른 나라와 교류하면서 경제적 이익을 얻습니다.

7 각 나라에서 더 잘 생산할 수 있는 것을 전문적으로 생산하면 소비자는 같은 제품이지만 값싸고 질 좋 은 것을 살 수 있습니다.

채점 기준	상	각 나라가 잘 만들 수 있는 물건을 생산·교류하여 경제 적 이익을 얻을 수 있다고 쓴 경우
	중	경제적 이익을 얻을 수 있다고만 쓴 경우

8 우리나라는 다른 나라와 물건, 서비스 등을 주고받 으며 무역을 하고 있습니다. (1) 우리나라는 다른 나 라에서 주로 원료를 수입하고 기술력이 필요한 제 품은 주로 수출합니다.

9 우리나라의 나라별 무역액 비율을 보면 중국이 수 출과 수입 모두 가장 많은 부분을 차지하고 있음을 알 수 있습니다.

> **자료 다시 보기**
>
> **우리나라의 주요 수출국과 수입국**
>
> | 주요 수출국 | 중국, 미국, 베트남, 홍콩 등에 물건을 주로 수출함. |
> |---|---|
> | 주요 수입국 | 중국, 미국, 일본, 오스트레일리아 등으로부 터 물건을 주로 수입함. |

10 반도체는 종류가 다양해 우리나라가 수출도 하지만 수입도 합니다. 우리나라는 메모리 반도체를 생산 해서 수출하는 반면, 비메모리 반도체는 대부분 수 입합니다.

> **자료 다시 보기**
>
> **우리나라의 주요 수출품과 수입품**
>
> | 주요 수출품 | 반도체, 자동차, 석유 제품 등을 주로 수출함. |
> |---|---|
> | 주요 수입품 | 반도체, 원유 등을 주로 수입함. |

11 우리나라의 주요 수출품은 반도체, 자동차, 석유 제 품이고, 주요 수입품은 반도체, 원유, 천연가스입니 다. ④ 천연가스는 우리나라의 주요 수입품입니다.

12 석유 제품은 원유를 가공·처리해 연료나 윤활유 등 으로 쓰도록 만들어진 제품입니다.

채점 기준	상	원유를 전부 수입해야 하지만 원유를 가공하고 처리하 는 기술력은 뛰어나기 때문이라고 쓴 경우
	중	원유를 가공하고 처리하는 기술이 뛰어나기 때문이라고 만 쓴 경우

> **이런 답도 가능해!**
>
> 우리나라는 원유가 나지 않지만 원유를 가공하고 처리하는 기술은 뛰어나기 때문입니다.

BOOK ➊ 개념북

2 단원

3 세계 속의 우리나라 경제 (2)

79쪽 기본 개념 문제

1 원산지 2 × 3 × 4 개인 5 공장

80쪽~81쪽 문제 학습

1 원산지 2 ㉢ 3 정국 4 서비스 5 증가 6 ⑤ 7 ㉡ 8 ㉠, 예 다양한 나라의 음식을 그 나라에 직접 갈 필요 없이 우리나라에서 먹을 수 있습니다. 9 ⑤ 10 ④ 11 예 세계 여러 나라의 싸고 다양한 물건을 살 수 있습니다. 12 ①, ⑤

1 원산지는 어떤 물건의 재료를 생산하는 곳입니다.

2 우리 주변의 물건들을 살펴보면 다른 나라의 재료로 다른 나라에서 만든 물건, 다른 나라에서 들여온 재료를 이용해 우리나라에서 만든 물건, 우리나라의 재료로 우리나라에서 만든 물건 등을 볼 수 있습니다.

3 원산지가 다른 나라인 물건이라도 우리나라에서 팔 수 있습니다. 우리 주변의 물건의 원산지와 생산 국가를 살펴보면 우리나라가 다른 나라와 여러 가지 물건을 교류한다는 것을 알 수 있습니다.

4 우리나라는 의료, 게임, 영화, 만화, 음악 등 다양한 서비스 분야에서 다른 나라와 교류합니다.

5 우리나라를 찾는 외국인 환자 수는 2010년에 82,000명이었는데 2018년에 379,000명으로 크게 늘어났습니다.

6 ①은 서비스를 교류하는 사례, ②, ③, ④는 물건을 교류하는 사례입니다. ⑤ 우리나라에서 만든 음식을 우리나라에서 판매하는 것은 우리나라와 다른 나라의 경제 교류라고 볼 수 없습니다.

7 경제 교류로 다른 나라에서 수입한 가구를 사용하는 가정이 많아졌고, 집의 내부 구조도 다른 나라와 비슷해지고 있습니다. ㉢은 경제 교류가 의생활에 미친 영향입니다.

8 다른 나라와의 경제 교류로 다양한 나라의 음식을 우리나라에서 먹을 수 있고, 다른 나라에 직접 가지 않아도 외국 음식의 재료를 구할 수 있습니다.

9 미국이나 일본 등 다른 나라에서 만든 만화 영화를 우리나라에 있는 영화관에서 볼 수 있는 것은 다른 나라와의 경제 교류가 우리의 여가 생활에 미친 영향입니다.

자료 다시보기

경제 교류의 영향으로 달라진 의식주 생활 및 여가 생활 모습

의생활	식생활
주생활	여가 생활

10 다른 나라와의 경제 교류로 개인은 외국 기업에서 일자리를 얻을 수 있게 되었습니다.

11 다른 나라와의 경제 교류가 활발해지면서 전 세계의 값싸고 질 좋은 상품을 선택할 수 있는 기회가 늘어났습니다.

채점 tip 세계 여러 나라의 다양한 물건을 살 수 있는 기회가 늘어났다는 내용을 썼으면 정답으로 합니다.

12 ② 다른 나라에 공장을 세워 그 나라의 자원을 활용해 물건을 생산할 수 있게 되었습니다. ③ 수출을 통한 이익이 늘어났습니다. ④ 새로운 아이디어를 주고받을 수 있게 되었습니다.

자료 다시 보기

경제 교류가 기업에 미친 영향

▲ 인도에 있는 우리나라 기업의 자동차 공장

- 외국 기업과 새로운 기술과 정보를 주고받을 수 있게 되었습니다.
- 다른 나라에 공장을 세워 그 나라의 노동력과 자원을 활용해 물건을 생산하고 제조 비용과 운반 비용을 줄일 수 있게 되었습니다.

❸ 세계 속의 우리나라 경제 (3)

83쪽 **기본 개념 문제**

1 의존 2 경쟁 3 자유 무역 협정(FTA) 4 ○
5 국제기구

84쪽~85쪽 **문제 학습**

1 ㉠ 수출 ㉡ 수입 2 (2) ○ 3 자유 무역 협정
(FTA) 4 예 나라 간 경제 교류를 자유롭고 편리하
게 하기 위해서입니다. 5 ④ 6 ㉡, ㉢ 7 관세
8 (1) ○ (2) × (3) ○ 9 예 자기 나라의 경제를 보
호하려고 10 ③ 11 시후 12 세계 무역 기구
(WTO)

1 수출은 다른 나라에 물건을 파는 것, 수입은 다른
나라에서 물건을 사 오는 것입니다.

2 제시된 신문 기사를 통해 우리나라와 사우디아라비
아가 서로 의존하며 경제적으로 교류하는 것을 알
수 있습니다. (1) 우리나라는 석유가 나지 않아 필요
한 석유를 모두 다른 나라에서 수입합니다. (3) 우리
나라와 사우디아라비아가 석유 개발 사업을 공동으
로 추진하고 있습니다.

3 우리나라는 2022년 기준으로 58개국과 자유 무역
협정을 맺고 있습니다.

4 자유 무역 협정(FTA)은 Free Trade Agreement의
줄임말로 나라 간 경제 교류를 자유롭고 편리하게
하기 위해 만든 협정입니다.

채점 tip 경제 교류를 자유롭고 편리하게 하기 위해서라는 내용을
썼으면 정답으로 합니다.

5 자동차, 휴대 전화, 전자 기기 시장에서 우리나라는
다른 나라와 서로 더 많이 판매하려고 경쟁합니다.

자료 다시 보기

경제 교류에서의 경쟁 관계

▲ 자동차 가격 경쟁   ▲ 휴대 전화 기술 경쟁

6 우리나라는 세계 여러 나라와 무역을 하며 경제적
으로 서로 의존하고 경쟁하는 과정에서 다양한 문
제를 겪고 있습니다. ㉠ 수출품이 다양화되는 것은
무역 문제가 아닙니다. ㉢ 수입에 의존해야 하는 물
건에 문제가 생기면 수입량이 줄어서 어려움이 생
깁니다.

자료 다시 보기

우리나라가 다른 나라와 무역을 하면서 겪는 문제

다른 나라가 특정 물건을 수
입하지 않아 수출이 감소함.

다른 나라가 우리나라 물건
에 높은 관세를 부과함.

다른 나라의 특정 물건을
수입하지 않아 갈등을 겪음.

수입에 의존해야 하는 자원,
물건의 수입이 어려워짐.

7 다른 나라에서 우리나라 물건에만 높은 관세를 매
기게 되면 그 제품의 가격이 올라 경쟁에서 불리해
집니다.

8 우리나라는 세계 여러 나라와 무역을 하면서 갈등
을 겪기도 합니다. (2) 미국이 우리나라에서 수입하
는 세탁기에 과도한 세금을 부과해서 문제가 발생
할 수 있습니다.

9 무역을 하다가 불리한 점이 생기면 자기 나라의 경
제를 보호하려고 법이나 제도를 만들기도 하는데
이로 인해 새로운 무역 문제가 발생할 수 있습니다.

채점 tip 자기 나라의 경제를 보호하려 한다는 내용
을 썼으면 정답으로 합니다.

10 제시된 그림은 나라의 기본이 되는 산업인 농업을
지키기 위해 수입을 제한하는 모습입니다.

11 세계 여러 나라가 무역 문제를 함께 협상하고 합의
하려는 노력이 필요합니다.

12 세계 무역 기구(WTO)는 지구촌의 경제 질서를 유
지하면서 세계 무역을 보다 더 자유롭게 할 수 있도
록 1995년 1월 설립되었습니다.

86쪽~87쪽 **교과서 통합 핵심 개념**

1 가계 **2** 시장 **3** 자유 **4** 중화학 **5** 서비스 산업 **6** 자연환경 **7** 기업 **8** 국제기구

88쪽~90쪽 **단원 평가 1회**

1 ④ **2** 예 해마다 필통 판매량이 증가하고 있으므로 필통의 생산량을 늘려야 합니다. **3** ② **4** 자유 **5** ④ **6** 소비재 **7** ② **8** 예 우리나라의 산업이 급격하게 성장하면서 제품을 만드는 데 많은 재료가 필요해졌기 때문입니다. **9** ⑤ **10** ㉠, ㉡, ㉢ **11** ② **12** ① **13** (2) ○ **14** 예 제조 비용과 운반 비용을 줄일 수 있게 되었습니다. **15** ④

1 가계는 기업에 노동력을 제공하여 생산 활동에 참여하고, 생산 활동으로 얻은 소득으로 물건을 구입합니다. ④는 기업이 하는 일입니다.

2 기업은 적은 비용으로 많은 이윤을 남기도록 합리적 선택을 해야 합니다.

> 채점 tip 필통의 생산량을 늘려야 한다는 내용을 썼으면 정답으로 합니다.

3 시장은 물건이나 서비스를 사고파는 곳으로 가계와 기업은 시장을 통해 만납니다.

자료 다시 보기

다양한 시장의 모습

▲ 전통 시장

▲ 대형 할인점

▲ 인터넷 쇼핑

▲ 홈 쇼핑

4 우리나라 경제의 특징은 경제활동의 자유와 경쟁입니다.

5 ④ 기업들은 더 많은 이윤을 남기려고 다른 기업과 경쟁합니다.

6 1950년대에는 식료품, 섬유 등을 만드는 소비재 산업이 주로 발전했습니다.

7 1960년대에는 경공업이 발전했고, 1970 ~ 1980년대에는 중화학 공업이 발전했습니다.

8 정부의 지원으로 철강 및 석유 화학 기업들은 철, 합성 섬유, 합성 고무, 플라스틱 등 다양한 재료를 생산하여 성장했습니다.

> 채점 tip 제품을 만드는 데 많은 재료가 필요했기 때문이라는 내용을 썼으면 정답으로 합니다.

9 1990년대에는 반도체 산업과 정보 통신 산업이 발전했습니다.

10 경제 성장 과정에서 노사 갈등, 환경 문제, 빈부 격차, 자원 부족, 농촌 일손 부족 등의 문제가 나타났습니다.

자료 다시 보기

경제 성장 과정에서 나타난 문제점

빈부 격차	잘사는 사람과 그렇지 못한 사람의 소득 격차가 더욱 커졌음.
노사 갈등	경제 상황이 좋지 않으면 실업자가 늘어나고 노동자와 경영자 간의 갈등이 확산됨.
환경 문제	급격한 경제 성장으로 환경이 오염되었고, 에너지 자원이 부족해졌음.

11 각 나라들은 무역을 통해 경제적 이익을 얻습니다.

12 우리나라에서는 자동차, 철강 제품, 휴대 전화, 석유 제품 등 기술력이 필요한 물품을 주로 수출합니다.

13 원산지를 살펴보면 어느 나라의 재료로 만든 물건인지 알 수 있습니다. (1)은 다른 나라의 재료를 이용해 다른 나라에서 만든 물건입니다.

14 다른 나라와의 경제 교류는 기업의 경제생활에 긍정적인 영향을 미칩니다.

> 채점 tip 제조 비용과 운반 비용을 줄일 수 있게 되었다는 내용을 썼으면 정답으로 합니다.

15 세계 여러 나라는 무역을 하다가 불리한 점이 생기면 자기 나라 경제를 보호하려고 새로운 법이나 제도를 만들기도 합니다.

91쪽~93쪽 단원 평가 ②회

1 (1) ㉡, ㉢ (2) ㉠, ㉣ **2** ① **3** (1) ㉡ (2) ㉠ (3) ㉡ (4) ㉠ **4** ④ **5** 예 기업에서 공정하지 않은 행동을 하면 소비자에게 피해를 줄 수 있기 때문입니다. **6** 경제 개발 5개년 계획 **7** 예 당시 우리나라가 선진국보다 자원과 기술은 부족했지만 노동력은 풍부했기 때문입니다. **8** ㉠, ㉡, ㉣ **9** ㉢ → ㉠ → ㉡ → ㉣ **10** ④ **11** 예 ○○ 나라는 휴대 전화, 자동차, 배 등을 □□ 나라에서 수입하고, □□ 나라는 원유, 목재, 천연고무 등을 ○○ 나라에서 수입합니다. **12** ③ **13** 다양해 **14** ㉠ 개인 ㉡ 기업 **15** 국제기구

1 가계는 기업의 생산 활동에 참여하고, 기업에서 만든 물건이나 서비스를 구입합니다. 기업은 사람들에게 일자리를 제공하고, 사람들이 생활하는 데 필요한 물건을 만들어 판매하거나 서비스를 제공해 이윤을 얻습니다.

2 가계의 합리적 선택이란 소득의 범위 내에서 적은 비용으로 가장 큰 만족을 얻는 것입니다.

3 전통 시장, 대형 할인점은 여러 기업에서 생산한 물건을 직접 보고 비교하며 살 수 있고, 홈 쇼핑, 인터넷 쇼핑은 텔레비전이나 인터넷을 활용해 언제 어디에서든지 물건을 살 수 있습니다.

4 개인과 기업의 자유로운 경쟁은 국가 전체의 경제 발전에 도움을 줍니다.

5 기업의 공정하지 않은 행동은 소비자에게 피해를 주기 때문에 막아야 합니다.

채점 tip 소비자에게 피해를 줄 수 있다고 썼으면 정답으로 합니다.

> **이런 답도 가능해!**
> 기업의 공정하지 않은 행동이 소비자에게 피해를 주지 않도록 하기 위해서입니다.

6 1962년에 정부는 경제 개발 5개년 계획을 세우고 국내에서 생산한 제품을 해외로 수출해 경제 성장을 이루고자 했습니다.

7 1960년대 기업은 많은 노동력이 필요한 제품을 낮은 가격으로 생산해 수출하면서 빠르게 성장할 수 있었습니다.

채점 기준	상	자원과 기술은 부족했지만 노동력은 풍부했기 때문이라고 쓴 경우
	중	노동력이 풍부했기 때문이라고만 쓴 경우

8 ㉢ 정부가 중화학 공업 육성을 위해 노력했으나, 경공업 제품을 생산하는 기업을 없앤 것은 아닙니다.

9 '㉢ 1950~1960년대 → ㉠ 1980년대 → ㉡ 1990년대 → ㉣ 2000년대 이후'의 순서로 발달했습니다.

> **자료 다시 보기**
>
> **시대별 우리나라에서 발달한 산업**
>
> | 1950년대 | 식료품, 섬유 등을 만드는 소비재 산업 |
> |---|---|
> | 1960년대 | 섬유, 신발, 가발, 의류 등을 생산하는 경공업 |
> | 1970년대 | 철강 산업, 석유 화학 산업, 조선 산업 등 |
> | 1980년대 | 자동차 산업, 전자 산업, 기계 산업 등 |
> | 1990년대 | 반도체 산업, 정보 통신 산업 등 |
> | 2000년대 | 첨단 산업, 서비스 산업 등 |

10 제시된 사례는 오늘날 잘사는 사람과 그렇지 못한 사람의 소득 격차가 더욱 커지고 있는 문제를 해결하려는 노력입니다.

11 두 나라는 서로 자신의 나라에 부족한 것은 다른 나라에서 사 오고, 풍족한 것은 팝니다.

채점 기준	상	예시 답안과 같이 두 나라의 교류를 구체적으로 쓴 경우
	중	단순히 두 나라가 물건을 주고받는다고만 쓴 경우

12 우리나라는 주로 물건을 만드는 재료를 수입해 그 재료로 물건을 만들어 수출합니다.

13 경제 교류가 활발해져 한 가지 음식 안에도 여러 국가에서 수입한 재료들이 들어가 있습니다.

14 이 외에도 개인은 다른 나라와 교류가 활발해지면서 외국 기업에서 일자리를 얻는 등 개인의 경제활동 범위가 넓어졌고, 기업들은 다른 나라와 경제 교류를 하는 과정에서 새로운 기술과 정보를 주고받을 수 있게 되었습니다.

15 무역 문제 해결과 관련된 국제기구에 가입해 도움을 받을 수 있습니다.

> **자료 다시 보기**
>
> **세계 무역 기구(WTO)**
> • 나라와 나라 사이에 무역과 관련된 문제가 일어났을 때 공정하게 심판하려고 만들어진 국제기구입니다.
> • 무역 갈등이 발생한 경우 나라 간 협의를 통해 갈등이 해결되도록 돕고, 협의 내용을 어긴 나라에 제재를 합니다.

BOOK **1** 개념북

2 단원

94쪽 수행 평가 **1**회

1 시장 2 (1) 예 기업에 노동력을 제공합니다. 기업에서 생산한 물건을 소비합니다. (2) 예 가계의 도움을 받아 물건과 서비스를 생산합니다. 가계에 일자리를 제공합니다. 3 예 가계와 기업은 상호 의존 관계로 가계와 기업이 하는 일은 서로에게 도움이 됩니다.

1 가계와 기업은 시장에서 물건이나 서비스를 거래합니다.

2 가계는 노동력 등을 제공함으로써 기업의 생산 활동에 참여하고 기업에서 만든 물건을 구입합니다. 기업은 물건이나 서비스를 시장에 공급하고, 가계에 일자리를 제공합니다.

채점 기준	상	가계와 기업이 하는 일을 모두 알맞게 쓴 경우
	중	가계와 기업이 하는 일을 한 가지만 알맞게 쓴 경우

3 가계의 생산 활동과 소비 활동은 기업의 생산 및 이윤 추구와 밀접한 관계가 있으며 서로에게 도움이 됩니다.

채점 기준	상	가계와 기업이 상호 의존 관계로 서로 도움이 된다고 쓴 경우
	중	가계와 기업이 서로 의존하는 관계라고만 쓴 경우

자료 다시 보기

가계와 기업

· 물건을 사는 사람은 가계, 물건을 파는 사람은 기업입니다.
· 가계와 기업은 시장에서 물건이나 서비스를 거래합니다.
· 가계와 기업이 하는 일은 서로에게 도움이 됩니다.

95쪽 수행 평가 **2**회

1 ⑩ → ㉠ → ㉡ → ㉣ → ㉢ → ㉫ 2 (1) ㉠ (2) ㉡, ㉣ 3 예 가계 소득이 증가해 해외로 여행을 가는 사람이 많아졌습니다. 우리 문화가 인기를 끌면서 한류가 확산되었습니다.

1 농업은 1950년대 이전에, 의류 산업은 1950~1960년대에, 철강 산업은 1970년대에, 자동차 산업은 1980년대에, 반도체 산업은 1990년대에, 로봇 산업은 2000년대 이후에 발달하기 시작했습니다.

2 1970년대 이후 우리나라 산업의 구조가 경공업에서 중화학 공업 중심으로 바뀌었습니다.

3 이 외에도 스마트폰을 쓰는 사람이 늘어났고, 세계인이 모이는 다양한 국제 행사가 우리나라에서 열리게 되었습니다.

채점 기준	상	경제 성장으로 인해 변화한 우리 사회 모습을 두 가지 모두 알맞게 쓴 경우
	중	경제 성장으로 인해 변화한 우리 사회 모습을 한 가지만 알맞게 쓴 경우

이런 답도 가능해!

의료 기술이 발달하여 사람들의 기대 수명이 늘어났습니다.

96쪽 수행 평가 **3**회

1 ㉠ 예 구리, 철광석, 원유와 같은 자원, ㉡ 예 철광석, 원유와 같은 자원 2 ㉠ 예 휴대 전화, 텔레비전, 자동차 ㉡ 예 구리, 철광석, 원유 3 예 나라마다 자연환경과 자본, 기술 등에 차이가 있어 더 잘 생산할 수 있는 물건이나 서비스가 다르기 때문입니다.

1 A 나라는 가전제품을 만드는 기술이 뛰어나지만 자원이 부족하고, B 나라는 자원은 풍족하지만 가전제품을 만드는 기술은 부족합니다.

2 두 나라는 무역을 통해서 서로 부족하거나 필요한 것을 구할 수 있습니다.

3 각 나라는 더 잘 만들 수 있는 물건이나 서비스를 생산해 다른 나라와 무역을 통해 경제적 이익을 얻습니다.

채점 기준	상	나라마다 자연환경, 자본, 기술 등에 차이가 있기 때문이라고 쓴 경우
	중	나라마다 환경이 다르기 때문이라고만 쓴 경우

1. 우리나라의 정치 발전

① 민주주의의 발전과 시민 참여

2쪽　묻고 답하기 ①회

1 대통령　**2** 3·15 부정 선거　**3** 박정희　**4** 유신 헌법　**5** 전두환　**6** (전라남도) 광주　**7** 6월 민주 항쟁　**8** 6·29 민주화 선언　**9** 주민 소환제　**10** 공동

3쪽　묻고 답하기 ②회

1 이승만　**2** 4·19　**3** 군인　**4** 박정희　**5** 5·18 민주화 운동　**6** 민주주의　**7** 박종철　**8** 직선제　**9** 지방 자치제　**10** 대규모 집회

4쪽~7쪽　중단원 평가

1 유현　**2** ④　**3** 4·19 혁명　**4** ㉢ → ㉣ → ㉡ → ㉠　**5** 예 4·19 혁명 과정에서 많은 시민과 학생들이 희생되어 민주주의에 대한 관심이 높아졌습니다.　**6** 박정희　**7** ③　**8** ㉠, ㉣　**9** 세계 기록 유산　**10** (2) ○　**11** (1) ○ (2) × (3) ○　**12** 예 민주화와 대통령 직선제를 실시할 것을 요구했습니다.　**13** ①, ⑤　**14** ㉠, ㉡, ㉢　**15** ③　**16** 예 시민이 직접 뽑은 사람이 대통령이 되어 민주주의가 발전했습니다. 주민이 직접 뽑은 지역의 대표가 지역의 일을 처리하여 지역의 문제가 잘 해결됩니다.　**17** 주민 소환제　**18** ②　**19** (4) ○　**20** ③, ④

1 대통령 직선제를 간선제로 바꾼 것은 박정희 정부입니다.

2 이승만 정부는 여러 가지 부정한 방법을 동원해 선거에서 승리했습니다.

3 시위가 거세지자 이승만은 대통령 자리에서 물러났고 3·15 부정 선거는 무효가 되었습니다.

4 4·19 혁명은 학생들과 시민들을 중심으로 독재 정권을 무너뜨린 최초의 민주화 운동이었습니다.

5 이 외에도 4·19 혁명을 계기로 민주적인 절차와 과정을 무시하고 들어선 정권은 국민 스스로 바로잡아야 한다는 교훈을 얻게 되었습니다.

채점 기준	상	제시된 예시 답안 중 한 가지를 알맞게 쓴 경우
	중	제시된 예시 답안의 내용을 썼으나 다소 미흡한 경우

> **이런 답도 가능해!**
>
> 4·19 혁명은 학생들과 시민들을 중심으로 독재 정권을 무너뜨린 최초의 민주화 운동입니다.

6 1961년 박정희가 군인들을 동원해 정권을 잡은 사건을 5·16 군사 정변이라고 합니다.

7 '유신'이라는 말에는 낡은 제도를 새롭게 고친다는 뜻이 있지만, 유신 헌법의 내용은 국민의 권리를 대통령이 마음대로 제한할 수 있는 것이어서 민주적이지 않았습니다.

8 전라남도 광주에서 대규모 민주화 시위가 일어나자 전두환은 시위를 진압할 계엄군을 보냈고, 계엄군은 폭력적으로 시위를 진압해 많은 사람들이 죽거나 다쳤습니다.

9 5·18 민주화 운동 기록물은 시민들의 선언문, 증언, 일기, 기자들의 취재 수첩, 피해자 보상 자료 등으로 구성되었습니다.

10 5·18 민주화 운동은 부당한 정권에 맞서 민주주의를 지키려는 시민들과 학생들의 의지를 보여 주었습니다.

11 (2) 전두환 정부는 민주주의를 요구하는 사람들을 탄압했습니다.

12 전두환 정부는 신문과 방송을 통제해 정부를 비판하는 내용을 내보내지 않고 유리한 내용만 전하도록 했으며, 민주주의를 요구하는 사람들을 탄압했습니다.

채점 기준	상	'민주화', '대통령 직선제' 중 두 가지 단어를 모두 포함하여 쓴 경우
	중	'민주화', '대통령 직선제' 중 한 가지 단어만 포함하여 쓴 경우

13 제시된 사건들은 우리나라 정치 발전 과정에서 국민 주권을 지키려는 노력이었습니다.

14 당시 여당 대표였던 노태우가 직선제를 포함한 민주화 요구를 받아들이겠다고 발표했습니다. 6·29 민주화 선언은 대통령 직선제 외에도 언론의 자유 보장, 지방 자치제 시행, 지역감정 없애기 등의 내용을 담고 있습니다.

15 1987년 6·29 민주화 선언 이후 대통령 직선제가 시행되었습니다.

16 대통령 직선제는 오늘날까지 계속 시행되고 있으며, 1990년대에 지방 의회 의원 선거와 함께 지방 자치 단체장 선거가 치러지면서 지방 자치제가 완전하게 자리잡게 되었습니다.

채점 기준	상	변화된 사회의 모습을 두 가지 알맞게 서술한 경우
	중	변화된 사회의 모습을 한 가지만 알맞게 서술한 경우

17 주민 소환제는 주민이 직접 선출한 의원이나 단체장이 직무를 잘 수행하지 못했을 때 주민들이 투표로 그들을 자리에서 물러나게 하는 제도입니다.

18 6월 민주 항쟁 이후 오늘날 시민들은 사회 공동의 문제를 평화적이고 민주적인 방법으로 해결하고 있습니다.

19 오늘날 시민들은 사회 공동의 문제를 평화적이고 민주적인 방법으로 해결하고 있습니다.

> **자료 다시 보기**
>
> **다양한 시민 참여 방법**
> - 투표
> - 1인 시위
> - 정당 활동
> - 시민 단체 활동
> - 촛불 시위
> - 캠페인
> - 공청회 참석
> - 누리집을 통한 의견 제시

20 오늘날 시민 참여는 대규모 집회뿐만 아니라 다양한 방법으로 이루어지고 있습니다.

② 일상생활과 민주주의

8쪽　묻고 답하기 ❶회

1 정치　2 민주주의　3 존중　4 선거　5 보통 선거 6 직접 선거　7 관용　8 비판적 태도　9 다수결의 원칙　10 토론

9쪽　묻고 답하기 ❷회

1 참여　2 정치　3 자유　4 선거 관리 위원회　5 평등 선거　6 비밀 선거　7 참여　8 양보와 타협 9 소수　10 실천

10쪽~11쪽　중단원 평가

1 정치　2 ②　3 ③　4 (1) 인간의 존엄성 (2) 자유 5 ⑩ 오늘날에는 모든 사람이 한자리에 모여 지역의 중요한 일을 결정하기가 어렵기 때문입니다.　6 (1) ⓒ (2) ⓐ　7 지환　8 (2) ○　9 ⑩ 대표자들이 모여 대화와 토론을 거쳐 양보와 타협으로 문제를 해결합니다.　10 ⓒ, ⓔ　11 ②　12 (1) ⓒ (2) ⓐ

1 가정, 학급, 학교, 지역 등 사람들이 함께 살아가다 보면 여러 가지 문제가 생길 수 있습니다.

2 오늘날에는 모든 사람이 사회 공동의 문제 해결 과정에 참여할 수 있습니다.

3 우리나라는 민주주의 국가입니다.

4 민주주의의 기본 정신에는 인간의 존엄성, 자유, 평등이 있습니다.

5 오늘날 사람들은 자신의 뜻을 전달할 대표자를 뽑아 그 사람들에게 자신의 생각을 전달하게 합니다.

채점 기준	상	모든 사람이 한자리에 모여 지역의 일을 결정하기 어렵기 때문이라는 내용을 알맞게 쓴 경우
	중	꼭 해야 하는 일이라고만 쓴 경우

6 ⓐ 평등 선거, ⓒ 보통 선거입니다. 이 외에도 직접 선거의 원칙과 비밀 선거의 원칙이 있습니다.

7 사실이나 의견의 옳고 그름을 따져 살펴보는 태도를 비판적 태도라고 합니다.

8 다수결의 원칙은 사람들끼리 양보와 타협이 어려울 때 사용하는 민주적 의사 결정 원리입니다.

9 민주주의 사회에서 문제를 해결하는 바람직한 방법은 대화와 토론을 거쳐 양보와 타협에 이르는 것입니다.

채점 기준	상	대화와 토론을 거쳐 양보와 타협을 한다는 내용을 알맞게 쓴 경우
	중	대화와 토론을 한다고만 쓴 경우

10 다수의 의견이 항상 옳은 것은 아니기 때문에 다수결의 원칙을 사용할 때는 소수의 의견도 존중해야 합니다.

11 민주적 의사 결정 원리에 따른 해결 방안을 결정하고 실천합니다.

12 ⓒ은 문제 해결 방안을 탐색하는 모습, ⓐ은 해결 방안을 투표로 결정하는 모습입니다.

3 민주 정치의 원리와 국가 기관의 역할

12쪽 묻고 답하기 ❶회

1 국민 주권 2 국회 의원 3 입법부 4 행정부
5 대통령 6 국무 회의 7 국토교통부 8 법원 9
공정 10 국회

13쪽 묻고 답하기 ❷회

1 국민 주권 2 국회 3 국정 감사 4 국무총리
5 국방부 6 법원 7 헌법 재판소 8 세 번(3번)
9 권력 분립 10 균형

14쪽~17쪽 중단원 평가

1 주권 2 ④ 3 ⑩ 4·19 혁명, 5·18 민주화 운동
이 있습니다. 4 ④ 5 ① 6 ③ 7 국정 감사 8
② 9 ⑩ 법에 따라 나라의 살림을 맡아 합니다.
10 (1) ⓒ (2) ⓐ (3) ⓓ 11 ① 12 ② 13 (1) ○
14 ⑩ 국민이 공정한 재판을 받을 수 있도록 하기
위해서입니다. 15 ④ 16 국회 17 권력 분립
18 ⑤ 19 ① 20 ④

1 우리나라 헌법에는 국민 주권의 원리가 나타나 있습니다.

2 헌법에 국민 주권이 명시되어 있는 것은 국가가 함부로 국민의 권리를 침해할 수 없다는 것을 의미합니다.

3 이 외에도 6월 민주 항쟁 등에서 찾아볼 수 있습니다.

채점 기준	상	'4·19 혁명', '5·18 민주화 운동', '6월 민주 항쟁' 중에서 두 가지를 알맞게 쓴경우
	중	'4·19 혁명', '5·18 민주화 운동', '6월 민주 항쟁' 중에서 한 가지만 알맞게 쓴 경우

4 국회 의사당에서는 국회 의원들이 모여 법률, 예산 등과 관련된 국회의 중요한 일을 결정합니다.

5 국회 의원은 국민의 선거로 4년마다 선출합니다.

6 예산의 대부분은 국민이 낸 세금으로 마련하기 때문에 국민의 대표인 국회 의원들이 이를 확정하는 것입니다.

7 국회에서는 행정부가 법에 따라 일을 잘하고 있는지 확인하는 국정 감사를 합니다.

8 (가)는 대통령, (나)는 국무총리가 하는 일입니다.

9 제시된 그림은 국무 회의를 하는 모습입니다.

채점 기준	상	국회에서 만든 법에 따라 나라의 살림을 맡아 한다고 쓴 경우
	중	나라의 중요한 일을 결정한다고만 쓴 경우

10 정부의 행정 각 부에서는 장관과 차관, 그리고 많은 공무원이 국민의 안전과 행복을 위해 여러 가지 일을 합니다.

11 법원은 법에 따라 재판을 하는 곳으로, 사람들은 다툼이 생기거나 억울한 일을 당했을 때 재판으로 문제를 해결합니다.

12 법원에서는 법을 지키지 않은 사람에게 재판을 통해 법에 근거한 벌을 줍니다.

13 법에 따라 나라 살림을 맡아서 하는 것은 행정부가 하는 일입니다.

14 한 번의 판결이 잘못 내려질 수도 있기 때문에 우리나라에서는 한 사건에 대해 세 번까지 재판을 받을 수 있도록 합니다.

채점 기준	상	공정한 재판을 받을 수 있도록 하기 위해서라는 내용을 알맞게 쓴 경우
	중	재판이 공정하지 못할 수도 있다고만 쓴 경우

15 루이 14세, 왕 한 사람에게 권력이 집중되어 있었기 때문에 국민들이 힘들어지고 피해를 보는 사람이 많았습니다.

16 제시된 자료는 국가 권력을 국회, 행정부, 법원이 나누어 맡는 삼권 분립을 나타내고 있습니다.

17 우리나라는 국가 권력을 국회, 행정부, 법원이 나누어 맡습니다.

18 권력 분립을 하는 까닭은 한 기관이 국가의 중요한 일을 마음대로 처리할 수 없도록 서로 견제하고 균형을 이루게 하여 국민의 자유와 권리를 지키려는 것입니다.

19 법을 만드는 곳은 국회입니다.

20 ④ 국회와 행정부는 서로 견제를 해야 합니다.

1 3·15 부정 선거 2 ③ 3 ④ 4 6월 민주 항쟁
5 ㉠, ㉢ 6 ㉠ → ㉢ → ㉡ → ㉣ 7 (1) ○ (2) ○
(3) × (4) ○ 8 예 주로 대규모 집회에 참여하는 방식으로 사회 공동의 문제를 해결했습니다. 9 ②
10 ④, ⑤ 11 수빈 12 ④ 13 (1) ㉡ (2) ㉠ (3)
㉢ 14 ①, ⑤ 15 예 국가가 함부로 국민의 권리를 침해할 수 없다는 것을 의미합니다. 16 ③ 17
국무총리 18 ② 19 ㉠, ㉣ 20 예 법을 만드는 것은 국회에서, 법에 따라 정책을 집행하는 것은 행정부에서, 법률을 적용하는 것은 법원에서 하여 국가 권력이 어느 한 곳으로 집중되지 않도록 하고 있습니다.

1 우리나라의 첫 번째 대통령이었던 이승만은 헌법을 바꿔 가며 계속 대통령이 되어 독재 정치를 이어 나갔습니다.

2 박정희는 군인들을 동원해 정권을 잡았는데, 이를 5·16 군사 정변이라고 합니다.

3 군인들에 의해 많은 광주 시민들과 학생들이 죽거나 다쳤습니다.

4 민주화 요구 시위 과정에서 대학생 이한열이 경찰이 쏜 최루탄에 맞아 사망하여, 시위가 더욱 크게 확산되었습니다.

5 사람들은 고문을 없애고, 대통령을 국민이 직접 뽑는 직선제를 요구하였습니다.

6 ㉠은 1960년, ㉢은 1980년, ㉡은 1987년에 일어났고, ㉣은 1987년 6월 민주 항쟁의 결과 발표되었습니다.

7 6·29 민주화 선언은 대통령 직선제 실시, 언론의 자유 보장, 지방 자치제 실시, 지역감정 없애기, 인간의 존엄성 보장 등의 내용을 담고 있습니다.

8 대규모 집회의 경우 많은 사람이 다치거나 희생되기도 했습니다.

채점 기준	상	대규모 집회에 참여했다는 내용을 알맞게 쓴 경우
	중	많은 사람이 다치고 희생하여 문제를 해결했다고 쓴 경우

9 학교에서 '우리가 함께 지켜야 할 규칙은 무엇인가?'등의 문제를 해결해 가는 일을 정치라고 합니

다. ② 준비물을 준비하는 것은 문제를 해결하는 활동이 아닙니다.

10 민주주의 사회에서는 모든 사람이 평등하게 대우받아야 하며, 국가는 개인의 자유를 함부로 구속할 수 없으며 다른 사람의 자유를 침해해서는 안 됩니다.

11 선거일을 기준으로 만 18세 이상이면 원칙적으로 누구에게나 투표권을 주는 것은 보통 선거의 원칙입니다.

12 선거 관리 위원회에서는 부정 선거가 일어나는지 감시하고, 국민에게 선거에 관한 올바른 인식을 갖게 하는 교육을 합니다.

13 일상생활에서 부딪히는 다양한 문제와 갈등을 해결하려면 대화와 토론을 바탕으로 관용과 비판적 태도, 양보와 타협하는 자세가 필요합니다.

14 공동의 문제가 발생할 경우 대화와 토론을 거쳐 양보와 타협으로 문제를 해결하는 것이 바람직합니다.

15 우리나라 헌법에서는 주권이 국민에게 있음을 분명히 하고 있으며, 이를 실현하려고 국민의 자유와 권리를 법으로 보장하고 있습니다.

채점 기준	상	국가가 국민의 권리를 침해할 수 없다는 것을 의미한다고 쓴 경우
	중	주권이 국민에게 있음을 의미한다고만 쓴 경우

16 ③은 행정부에서 하는 일입니다.

17 국무총리는 대통령을 도와 각 부를 관리하며, 대통령이 외국을 방문하거나 특별한 이유로 일하지 못하면 대통령의 임무를 대신합니다.

18 법원은 법에 따라 재판을 하는 곳입니다.

19 법원은 공정한 재판으로 국민의 자유와 권리를 보장하고자 합니다. ㉡ 한 사건에 원칙적으로 세 번까지 재판을 받을 수 있도록 하고 있으며, ㉢ 모든 재판의 과정과 결과를 공개하고 있습니다.

20 우리나라는 국가 권력을 국회, 행정부, 법원이 나누어 맡습니다.

채점 기준	상	국가 권력을 국회, 행정부, 법원이 나누어 맡는다는 내용을 구체적으로 쓴 경우
	중	삼권 분립을 한다고만 쓴 경우

22쪽　수행 평가 ❶회

1 4·19 혁명　**2** (전라남도) 광주　**3** 📖 대통령 직선제 등의 내용이 포함된 6·29 민주화 선언이 발표되었습니다.

1 4·19 혁명 이후 이승만은 대통령 자리에서 물러났고 3·15 부정 선거는 무효가 되었습니다.

2 전라남도 광주에서 대규모 민주화 시위가 일어나자 전두환은 시위를 진압할 계엄군을 보냈고, 계엄군은 폭력적으로 시위를 진압했습니다.

3 6·29 민주화 선언은 대통령 직선제, 언론의 자유 보장, 지방 자치제, 지역감정 없애기 등의 내용을 담고 있습니다.

채점 기준	상	대통령 직선제 등의 내용이 포함된 6·29 민주화 선언이 발표되었다고 쓴 경우
	중	대통령 직선제를 이루었다고만 쓴 경우

23쪽　수행 평가 ❷회

1 다수결　**2** 📖 사람들끼리 양보와 타협이 어려울 때 쉽고 빠르게 문제를 해결할 수 있습니다.　**3** 📖 소수의 의견도 존중해야 합니다. 충분한 대화를 통해 의견을 조정하고 타협해야 합니다.

1 민주적 의사 결정 원리에는 다수결의 원칙, 대화와 타협, 소수 의견 존중 등이 있습니다.

2 대화와 토론, 양보와 타협의 방법으로 합의에 이를 수 없을 때 다수결의 원칙을 사용합니다.

채점 기준	상	양보와 타협이 어려울 때 쉽고 빠르게 문제를 해결할 수 있다고 쓴 경우
	중	다수의 의견을 잘 반영할 수 있다고만 쓴 경우

3 다수결이 항상 옳은 것이 아니기 때문에 소수의 의견도 존중하는 태도를 가져야 합니다.

채점 기준	상	제시된 예시 답안 중 한 가지를 알맞게 쓴 경우
	중	다른 사람의 의견을 경청해야 한다고만 쓴 경우

2. 우리나라의 경제 발전

❶ 우리나라 경제 체제의 특징

24쪽　묻고 답하기 ❶회

1 가계　**2** 기업　**3** 일자리　**4** 만족감　**5** 이윤　**6** 시장　**7** 전통 시장　**8** 자유　**9** 경쟁　**10** 정부

25쪽　묻고 답하기 ❷회

1 소득　**2** 기업　**3** 적은　**4** 기업　**5** 시장　**6** 인터넷 쇼핑　**7** 주식 시장　**8** 자유　**9** 경쟁　**10** 경쟁

26쪽~29쪽　중단원 평가

1 (1) ㉠, ㉢ (2) ㉡, ㉣　**2** 가계　**3** ②, ⑤　**4** 📖 가계는 시장에서 생활에 필요한 물건이나 서비스를 구매하고, 기업은 물건이나 서비스를 생산해 시장에 공급합니다.　**5** ①　**6** ⑤　**7** 📖 상품을 선택할 때 고려해야 할 선택 기준이 사람마다 다릅니다.　**8** ㉢　**9** ①, ⑤　**10** (1) ○　**11** 시장　**12** (1) ㉠ (2) ㉡　**13** 📖 여러 기업이 생산한 물건을 직접 보고 비교하며 살 수 있습니다.　**14** ③　**15** ①, ④　**16** ④　**17** ⑤　**18** 📖 허위·과장 광고를 해 소비자에게 피해를 주었습니다.　**19** 공정 거래 위원회　**20** 지훈, 다영

1 생산 활동은 물건을 만들거나 서비스를 제공하는 일이고, 소비 활동은 소득으로 생활에 필요한 물건을 구입하거나 서비스를 제공받는 일입니다.

2 가계는 기업의 생산 활동에 참여한 대가로 소득을 얻어 그 소득으로 필요한 물건을 구입합니다.

3 기업은 사람들에게 일자리를 제공하고 물건을 생산해 판매하거나 서비스를 제공해 이윤을 얻습니다.

4 가계와 기업은 시장에서 물건이나 서비스를 거래합니다.

채점 기준	상	예시 답안과 같이 가계와 기업이 시장에서 하는 활동을 구체적으로 쓴 경우
	중	가계와 기업이 시장에서 서로 거래한다고만 쓴 경우

5 가계는 소득의 범위 안에서 적은 비용으로 가장 큰 만족을 얻도록 합리적으로 소비하는 것이 필요합니다.

6 품질과 디자인이 비슷하다면 가장 적은 비용으로 큰 만족감을 얻을 수 있는 선택을 하는 것이 좋습니다.

7 사람마다 선택 기준이 다르고 중요하게 생각하는 점이 다르기 때문에 합리적 선택에 있어서 선택 기준이 다릅니다.

채점 tip 사람마다 선택 기준이 다르다고 썼으면 정답으로 합니다.

> **자료 다시 보기**
>
> **합리적 선택을 할 때 고려할 기준**
> • 가격, 디자인, 품질 등 사람마다 다릅니다.
> • 품질, 디자인 등을 고려하여 가격이 비싸더라도 우수한 상품을 선택하는 경우도 있습니다.

8 기업의 합리적 선택은 가장 적은 비용으로 가장 많은 이윤을 얻는 것입니다. ㉠ 이윤을 가장 많이 내야 합니다. ㉡ 기업이 사람들이 원하는 것을 모두 생산할 수는 없기 때문에 합리적 선택을 합니다. ㉣ 비용을 적게 들여야 많은 이윤을 얻을 수 있습니다.

9 자전거를 제조하는 회사의 수가 점점 늘어나고 있으므로 다른 회사와 경쟁을 하기 위해 신제품을 개발하고 광고를 해야 합니다.

10 기업은 보다 많은 이윤을 얻기 위해 적은 비용으로 많은 이윤을 얻을 수 있는 합리적 선택을 해야 합니다.

11 시장은 물건이나 서비스를 사고파는 곳으로, 다양한 형태의 시장에서 가계와 기업이 만나고 있습니다.

12 가계는 시장에서 필요한 물건을 더 싸게 사려고 노력합니다. 기업은 더 많은 이윤을 얻으려고 소비자의 욕구를 반영해 다양한 물건을 만들어 시장에 제공합니다.

13 전통 시장과 대형 할인점은 직접 가서 물건을 구매할 수 있는 시장입니다.

채점 tip 물건을 직접 보고 비교하며 살 수 있다는 내용을 썼으면 정답으로 합니다.

14 ①, ②, ④는 만질 수 있는 물건을 사고파는 시장, ③은 주식을 사고파는 시장으로 물건이 아닌 것을 사고파는 시장입니다.

15 개인은 자신의 능력과 적성에 따라 자유롭게 직업을 선택할 수 있고, 기업은 이윤을 얻기 위해 자유롭게 경제활동을 할 수 있습니다.

16 개인은 자신의 능력과 실력을 높여 더 좋은 일자리를 얻기 위해 경쟁합니다.

17 자유롭게 경쟁하는 경제활동은 우리 생활에 도움이 됩니다. ⑤ 하나의 기업에서 같은 제품을 독점해서 생산하면 소비자는 피해를 받습니다.

18 우리 경제에서는 자유로운 경쟁이 보장되지만 기업에서 공정하지 않은 행동을 하면 소비자에게 피해를 줄 수 있습니다.

채점 tip 허위·과장 광고를 했다는 내용을 썼으면 정답으로 합니다.

19 공정 거래 위원회는 불공정한 경제 행위를 감시하고 처벌하는 역할을 합니다.

20 기업끼리 가격을 상의해 올릴 수 없도록 감시하고 있습니다.

> **자료 다시 보기**
>
> **바람직한 경제활동을 이루기 위한 정부와 시민 단체의 노력**
>
> | | |
> |---|---|
> | 정부 | • 공정한 경제활동의 기준이 되는 법이나 제도를 만듦.
• 여러 기업이 물건을 만들어 팔 수 있도록 지원함.
• 허위·과장 광고를 하거나 기업끼리 가격을 상의하여 올릴 수 없도록 감시함. |
> | 시민 단체 | • 기업의 공정하지 않은 경제활동을 감시하고 정부에 해결을 요구함.
• 소비자의 권리와 이익을 보호하기 위한 캠페인 등을 벌임. |

② 우리나라의 경제 성장

30쪽 묻고 답하기 ① 회

1 소비재 2 경공업 3 중화학 4 조선 5 경공업 6 정보 통신망 7 서비스 산업 8 한류 9 소득 10 오염

31쪽 묻고 답하기 ② 회

1 공업 2 경제 개발 5개년 계획 3 경공업 4 중화학 공업 5 1980 6 반도체 7 정보 통신 산업 8 첨단 산업 9 정부 10 갈등

32쪽~35쪽 **중단원 평가**

1 ⑩ 파괴된 여러 시설을 복구하고 경제적으로 자립하기 위해 공업 발전에 힘을 모았습니다. 2 ①, ③ 3 (1) ㉠, ㉡ (2) ㉢ 4 ④ 5 ② 6 ① 7 ④ 8 ㉠, ㉡, ㉣ 9 ⑤ 10 ⑩ 컴퓨터와 가전제품의 생산이 늘어나면서 핵심 부품인 반도체의 중요성이 커졌기 때문입니다. 11 초고속 정보 통신망 12 ① 13 지효, 우영 14 ㉢ 15 ⑩ 우리나라의 경제가 성장하면서 국내 총생산이 크게 증가하고 있습니다. 16 ② 17 늘어났습니다 18 (1) ○ (2) ○ (3) × 19 (1) ㉡ (2) ㉢ (3) ㉠ 20 ⑩ 쓰지 않는 전기 코드는 뺍니다. 에어컨 사용을 줄입니다.

| 채점 기준 | 상 | 컴퓨터와 가전제품의 생산이 늘어나면서 핵심 부품인 반도체가 중요해졌다고 쓴 경우 |
| | 중 | 반도체가 컴퓨터와 가전제품의 핵심 부품이라고만 쓴 경우 |

1 1950년대에는 농업 중심의 산업 구조에서 공업 중심 산업 구조로 변화시키려고 노력했습니다.

채점 tip 파괴된 여러 시설을 복구하고 경제적으로 자립하기 위해 공업 발달에 힘을 모았다는 내용이 있으면 정답으로 합니다.

2 1950년대에는 섬유 공업, 식료품 공업 등 소비재 산업이 주로 발전했습니다.

3 1960년대 우리나라는 선진국보다 자원과 기술은 부족했지만 노동력은 풍부했습니다.

4 1960년대에는 섬유, 신발, 가발, 의류 등과 같은 경공업 제품을 만들어 수출하며 성장했습니다. ④ 자동차 산업은 1980년대 발달하여 이 시기 자동차의 수출이 늘었습니다.

5 1960년대 정부는 정유 시설, 발전소, 고속 국도, 항만 등을 많이 건설했습니다.

6 1970년대 이후부터 우리나라에서 중화학 공업이 발전하기 시작했습니다. ① 중화학 공업은 경공업보다 많은 돈과 높은 기술력이 필요한 산업입니다.

7 1970년대부터 철강 산업, 조선 산업, 석유 화학 산업 등이 빠르게 발전했습니다. ④ 우주 항공 산업은 2000년대 이후부터 발전했습니다.

8 ㉢은 2000년대 이후의 경제 성장 모습입니다.

9 산업 구조가 경공업에서 중화학 공업 중심으로 바뀌면서 우리나라의 경제가 크게 성장했습니다.

10 1990년대부터 반도체 산업이 발달하여 1992년에는 우리나라 기업이 시장 점유율 세계 1위를 차지하였습니다.

11 초고속 정보 통신망의 설치로 사람들 간에 유용한 정보가 빠르게 오갈 수 있게 되었습니다.

12 2000년대 이후부터는 첨단 산업과 서비스 산업이 빠르게 발달하고 있습니다.

13 우리나라의 경제가 새로운 산업의 발달로 더욱 성장하면서 국제 사회에서 우리나라의 위상이 높아지고 있습니다.

14 ㉠은 1950~1960년대, ㉡은 1970년대, ㉣은 1990년대부터 발전한 산업입니다.

15 제시된 그래프를 보면 1960년대에는 낮았던 우리나라의 국내 총생산 금액이 해마다 증가하고 있음을 알 수 있습니다.

채점 tip 경제가 성장하면서 국내 총생산이 증가하고 있다고 썼으면 정답으로 합니다.

16 ①은 1960년대, ②는 2010년대, ③ 1970년대, ④ 2000년대의 모습입니다.

17 가계 소득이 증가해 해외로 여행을 가는 사람이 늘어났습니다.

자료 다시 보기

경제 성장으로 변화한 생활 모습

국제 행사 개최	세계인이 모이는 다양한 국제 행사가 우리나라에서 열리게 되었음.
세계적인 한류 확산	우리나라 음악과 드라마 등 우리 문화와 관련된 상품이 해외에서 큰 인기를 끌고 있음.
도시 거주 인구 증가	도시의 인구가 증가하면서 전체 인구 중에 도시에 거주하는 인구의 비율이 증가했음.

18 (3) 공업화로 1960년대 이후 농촌 사람들이 도시로 이동하면서 농촌에서 일할 사람이 부족해졌습니다.

19 경제 성장 과정에서 빈부 격차, 노동자와 기업 경영자 간의 갈등, 환경 문제가 발생했습니다.

20 우리나라 경제가 급격하게 성장하면서 환경이 급속도로 오염되고 에너지 자원이 부족해졌습니다.

| 채점 기준 | 상 | 실천 방법을 예시 답안과 같이 구체적으로 쓴 경우 |
| | 중 | '에너지를 아껴야 한다.'와 같이 일반적인 내용만 쓰고, 구체적인 실천 방안은 쓰지 않은 경우 |

❸ 세계 속의 우리나라 경제

| 36쪽 | 묻고 답하기 ❶회 |

1 무역 2 수입 3 반도체 4 원산지 5 개인 6 기업 7 자유 무역 협정(FTA) 8 경쟁 9 관세 10 세계 무역 기구(WTO)

| 37쪽 | 묻고 답하기 ❷회 |

1 무역 2 수출 3 중국 4 서비스 5 의생활 6 일자리 7 의존 8 관세 9 보호 10 국제기구

| 38쪽~41쪽 | 중단원 평가 |

1 ④, ⑤ 2 ㉢, ㉣ 3 예 더 잘 만들 수 있는 상품을 생산하고, 다른 나라와 교환하면서 서로 경제적 이익을 얻습니다. 4 ③, ⑤ 5 ㉠ 수출 ㉡ 수입 6 ⑴ 반도체 ⑵ 반도체 7 ② 8 ④ 9 지호, 수애 10 예 다른 나라에서 만든 영화를 우리나라 영화관에서 관람할 수 있습니다. 다른 나라의 운동 경기를 집에서 볼 수 있습니다. 11 ② 12 예 외국 기업에서 일자리를 얻는 등 개인의 경제활동 범위가 넓어졌습니다. 13 ⑴ × ⑵ ○ ⑶ ○ 14 ⑤ 15 ①, ③, ④ 16 ④ 17 ③ 18 예 다른 나라와 무역이 잘 이루어지지 않을 수 있습니다. 무역 문제가 발생할 수 있습니다. 19 ④ 20 ⑤

1 △△ 나라는 자원이 부족하기 때문에 ○○ 나라로부터 철광석, 원유, 목재 등을 사 와야 합니다.

2 ○○ 나라는 자동차, 반도체, 휴대 전화 등을 만드는 기술이 부족하기 때문에 △△ 나라에서 이러한 물건을 사 와야 합니다.

3 제시된 두 나라는 서로 자신의 나라에 부족한 것은 다른 나라에서 사 오고, 풍족한 것은 팝니다.

채점 기준	상	예시 답안과 같이 경제적 이익을 얻는다고 쓴 경우
	중	필요한 물건을 주고받을 수 있다고만 쓴 경우

4 나라마다 자연환경과 자원, 기술 등에 차이가 있어 더 잘 생산할 수 있는 물건이나 서비스가 다르기 때문에 나라 사이에 무역을 합니다.

5 각 나라들은 풍족하거나 뛰어난 것은 수출하고, 부족하거나 필요한 것은 수입합니다.

6 반도체는 우리나라의 주요 수출품이자 수입품입니다.

7 물건의 원산지를 살펴보면 물건을 만드는 데 사용한 재료가 어느 나라에서 왔는지 알 수 있습니다. 이를 통해 우리나라가 다양한 나라와 물건을 교류한다는 사실을 알 수 있습니다. ② 원산지는 물건의 재료를 생산하는 곳입니다.

8 우리나라는 물건 이외에도 의료, 게임, 영화, 만화 등 서비스 분야에서도 세계 여러 나라와 교류합니다. ①, ②, ③, ⑤는 우리나라가 다른 나라와 물건을 교류하는 모습입니다.

9 다른 나라와 경제 교류가 활발해지면서 소비자로서 전 세계의 값싸고 다양한 물건을 선택할 수 있는 기회가 늘어났습니다.

10 경제 교류로 다른 나라의 영화, 전시, 공연, 운동 경기 등을 즐길 수 있게 되었습니다.

채점 기준	상	제시된 예시 답안과 같이 여가 생활에 미친 영향을 구체적으로 쓴 경우
	중	여가 생활에 미친 영향을 썼으나 그 내용이 부족한 경우

이런 답도 가능해!

• 다른 나라 사람이 쓴 책을 우리나라 서점에서 사서 볼 수 있습니다.
• 다른 나라에서 하는 음악 공연을 인터넷을 통해 집에서 볼 수 있습니다.

11 제시된 사례는 다른 나라와의 경제 교류로 변화한 식생활 모습입니다.

12 다른 나라와의 교류가 활발해지면서 개인의 경제활동 범위가 넓어졌습니다.

채점 tip 개인의 경제활동 범위가 넓어졌다는 내용을 썼으면 정답으로 합니다.

13 다른 나라와의 경제 교류로 기업은 외국 기업과 기술과 정보를 공유하고, 다른 나라에 공장을 세울 수도 있게 되었습니다. ⑴ 다른 나라의 노동력과 자원을 활용할 수 있게 되어 물건의 제조 비용과 운반 비용이 줄어듭니다.

14 자유 무역 협정은 나라 간 물건이나 서비스 등의 자유로운 이동을 위해 세금, 법과 제도 등의 문제를 줄이거나 없애기로 한 약속입니다.

15 우리나라는 자동차, 가전제품, 휴대 전화 시장에서 다른 나라와 경쟁이 치열합니다.

16 세계 여러 나라는 상호 교류하면서 서로 이익을 얻습니다. ④ 교류하는 상대방 나라도 이익을 얻습니다.

17 우리나라는 세계 여러 나라와 무역을 하는 과정에서 다양한 문제를 겪습니다. ③은 우리나라 안에서 일어나는 문제이므로 무역 문제로 볼 수 없습니다.

18 자기 나라 경제만을 보호하다 보면 무역 문제가 발생할 수 있습니다.

   채점 tip 다른 나라와 무역이 잘 이루어지지 않거나 무역 문제가 발생할 수 있다는 내용을 썼으면 정답으로 합니다.

19 우리나라에 수입되는 다른 나라 물건의 가격이 지나치게 낮을 경우 우리나라 산업이 피해를 입을 수 있습니다. 물건의 가격을 지나치게 낮추는 것은 불공정한 거래이므로 세계 여러 나라는 이에 대응하기 위해 자기 나라 경제를 보호하려고 합니다.

20 세계 무역 기구(WTO)는 나라와 나라 사이에서 무역과 관련된 문제가 일어났을 때 공정하게 심판하려고 만들어진 국제기구입니다. ⑤ 세계 여러 나라가 자기 나라의 산업을 발전시키는 정책을 세우는 것은 각 나라의 정책과 관련된 것으로 세계 무역 기구(WTO)와는 상관이 없습니다.

42쪽~45쪽 대단원 평가

1 (1) 가 (2) 기 (3) 가 (4) 기 2 (1) ○ 3 예 이윤을 많이 남기지 못하고, 다른 기업과의 경쟁에서 밀려 손해를 볼 수 있습니다. 4 ⑤ 5 ㉡, ㉣ 6 ①, ② 7 ③ 8 ㉠ 농업 ㉡ 공업 9 ② 10 예 많은 노동력이 필요한 경공업 제품을 낮은 가격으로 생산해 수출하면서 경제가 빠르게 성장했습니다. 11 ㉠, ㉢ 12 ①, ④ 13 ㉢ 14 환경 문제 15 예 나라마다 자연환경과 자본, 기술 등이 다르기 때문이야. 16 ⑤ 17 (1) ㉡ (2) ㉠ 18 (1) ○ (2) ○ 19 예 자기 나라 국민의 실업을 방지하기 위해서입니다. 20 ②, ④

---

1 가계는 가정 살림을 함께하는 공동체이고, 기업은 이윤을 얻기 위해 생활에 필요한 물건과 서비스를 생산하여 판매하는 집단을 말합니다.

2 수진이는 가격을 선택 기준으로 생각하기 때문에 더 저렴한 상품을 고르는 것이 합리적 선택입니다.

3 기업이 합리적 선택을 하지 않으면 이윤을 많이 남기지 못하고, 다른 기업과의 경쟁에서 뒤쳐질 수 있습니다.

   채점 tip '이윤을 많이 남기지 못한다.', '다른 기업과의 경쟁에서 밀린다.'고 썼으면 정답으로 합니다.

4 ⑤ 대형 할인점은 물건을 직접 보고 살 수 있는 시장으로, 같은 종류의 시장으로 전통 시장이 있습니다.

5 우리나라 경제의 특징은 경제활동의 자유와 경쟁입니다.

6 ③ 원하는 물건을 모두 살 수는 없습니다. ④ 기업은 자유롭게 경쟁하며 더 좋은 상품을 개발해 많은 이윤을 얻을 수 있습니다.

7 ③ 정부에서 음료수에 대한 허위 광고를 할 수 없도록 감시해야 합니다.

8 1950년대에 정부는 산업 구조를 공업 중심으로 바꾸려고 노력했습니다. 그 시기에는 생활에 필요한 물품을 만드는 소비재 산업이 주로 발전했습니다.

9 1960년대 정부는 수출 주도의 경제 성장을 이루기 위해 다양한 노력을 했습니다. ② 정부가 중화학 공업 육성 계획을 발표한 것은 1973년입니다.

10 1960년대 우리나라 기업은 경공업 제품을 만들어 수출하며 성장했습니다.

   채점 tip 많은 노동력이 필요한 경공업 제품을 생산하고 수출했다는 내용을 썼으면 정답으로 합니다.

11 1970년대에는 철강 산업, 조선 산업, 석유 화학 산업 등 중화학 공업이 발전하기 시작했습니다.

12 ②, ⑤는 1970년대의 경제 성장 모습입니다. ③은 1962년부터 5년 단위로 추진했던 정책입니다.

13 ㉢ 경제가 성장하면서 해외 여행을 떠나는 사람들이 크게 늘어났습니다.

14 급격한 경제 성장으로 우리 주변의 환경이 급속도로 오염되었습니다. 정부, 기업, 시민들은 환경을 보호하고 에너지를 절약하기 위해 다양한 노력을 하고 있습니다.

15 나라마다 자연환경과 자본, 기술 등에 차이가 있어 더 잘 생산할 수 있는 물건이나 서비스가 다르기 때문에 무역을 합니다.

채점 기준	상	자연환경, 자본, 기술이 다르기 때문이라고 쓴 경우
	중	자연환경, 자본, 기술 중 한두 개만 다르기 때문이라고 쓴 경우

16 ⑤는 우리나라 재료로 만든 제품을 우리나라에서 판매한 사례이므로 다른 나라와 경제 교류를 하는 사례가 아닙니다.

17 경제 교류를 통해 개인과 기업의 경제활동의 범위가 넓어졌습니다.

18 우리나라와 다른 나라는 서로 경제적으로 도움을 주고받으며 의존하기도 하고 같은 제품이나 기술을 수출하며 경쟁하기도 합니다.

19 국민의 실업이 증가하는 것을 방지하기 위해 자기 나라 경제를 보호합니다.

채점 기준	상	국민의 실업을 방지하기 위해서라고 쓴 경우
	중	공장이나 회사가 문을 닫을 수도 있기 때문이라고 쓴 경우

20 무역 문제를 해결하기 위해서는 세계 여러 나라가 무역 문제를 함께 협상하고 합의하려는 노력이 필요합니다. ① 다른 나라와 경제적 교류를 하면서 무역 문제를 해결해야 합니다. ③ 힘이 센 나라의 의견에 무조건 따르지 않고 상호 간의 합의로 문제를 해결해야 합니다.

46쪽 **수행 평가 ❶회**

1 ㉠ 이윤 ㉡ 경쟁 **2** (1) 싸게 (2) 좋은 **3** ⑩ 기업들이 여러 물건을 만들어 경쟁하므로 소비자들은 다양한 선택을 할 수 있습니다. 기업에게서 좋은 서비스를 받을 수 있습니다.

1 제시된 자료에 나타난 상품을 만드는 회사들은 서로 다른 상품의 특징을 내세워 경쟁하고 있습니다. 우리나라 경제의 특징은 개인과 기업이 경제활동을 자유롭게 하면서 경쟁하는 것입니다.

---

2 기업들은 다른 기업과의 경쟁에서 이기기 위해 품질이 더 좋은 물건을 싸게 만들려고 노력합니다.

3 소비자는 원하는 조건의 물건을 살 수 있고, 기업에게서 좋은 서비스를 받을 수 있습니다.

채점 기준	상	예시 답안과 같이 소비자가 받는 도움을 구체적으로 쓴 경우
	중	소비자가 받는 도움을 썼으나 그 내용이 미흡한 경우

47쪽 **수행 평가 ❷회**

1 (1) ㉡, ㉣ (2) ㉠, ㉧ (3) ㉢, ㉪ **2** ⑩ 잘사는 사람과 그렇지 못한 사람의 소득 격차가 커지는 현상입니다. **3** ⑩ 일회용품의 사용을 줄입니다. 쓰레기를 함부로 버리지 않습니다. 친환경 제품을 사용합니다.

1 빈부 격차를 해결하기 위해서는 국회에서 복지와 관련된 법률을 제정하고, 정부에서 소득이 적은 사람에게 생계비, 양육비, 학비 등을 지원해야 합니다. 노사 갈등을 해결하기 위해서는 노동자와 기업의 민주적인 대화가 필요하고, 정부는 노동자와 기업이 타협해 문제를 해결할 수 있도록 지원해야 합니다. 환경 문제를 해결하기 위해서는 정부는 신재생 에너지를 생산하고 전기 자동차 등 친환경 자동차를 보급하고자 노력해야 하고, 기업은 친환경 제품을 개발하고 생산해야 합니다.

2 빈부 격차는 사람들의 소득 격차가 커져서 생긴 문제점입니다.

채점 기준	상	잘사는 사람과 그렇지 못한 사람의 소득 격차가 커지는 현상이라고 쓴 경우
	중	잘사는 사람과 그렇지 못한 사람의 차이가 커진다고만 쓴 경우

3 이 외에도 물 아껴 쓰기, 전기 사용 줄이기 등이 있습니다.

채점 기준	상	예시 답안과 같이 환경 문제를 해결하기 위해 할 수 있는 일을 구체적으로 쓴 경우
	중	환경 문제를 해결하기 위해 할 수 있는 일을 썼으나 그 내용이 미흡한 경우

친절한 해설북

초등학교   학년   반   번   이름